EMPRENDIMIENTO Y CONSTITUCIÓN DE EMPRESAS.
DE LA IDEA A LA PUESTA EN MARCHA

OSCAR BASTIDAS DELGADO.

© Oscar Bastidas Delgado.
oscarbastidasdelgado@gmail.com

Diseño y diagramación del texto: Oscar Bastidas Delgado.

ÍNDICE.

- PRESENTACIÓN.

01.- LAS ORGANIZACIONES COMO OBJETO DE LA GESTIÓN.
1.1. - SINERGIA DE PROCESOS.
1.1.1. - Sistemas o esferas organizacionales.
1.1.2. - Proceso administrativo y funciones administrativas.
1.2. – HACIA UN CONCEPTO DE ORGANIZACIÓN.
1.3. – PLANIFICACIÓN ESTRATÉGICA Y LINEAMIENTOS ESTRATÉGICOS.
1.4. - LAS VARIABLES ORGANIZACIONALES.
1.5. - ESCUELAS DEL PENSAMIENTO ADMINISTRATIVO.
1.5.1. - Etapas y escuelas.
   1.5.1.1. - Escuela tradicional o clásica.
   1.5.1.2. - Escuela de las Relaciones Humanas y del Comportamiento.
   1.5.1.3. - Escuela Neoclásica u Holística.
   1.5.1.4. - Dos variantes: La Teoría General de Sistemas y el Enfoque Situacional.
1.5.2. - La Administración: ¿Arte, técnica o ciencia?

02. - VALORES DEL EMPRENDIMIENTO. DEL INDIVIDUALISMO A LA SOLIDARIDAD.
2.1. - LAS NECESIDADES COMO MOTORES DEL EMPRENDIMIENTO.
2.1.1. - La Fuerza Fundante.
2.2. - EMPRENDIMIENTO E INNOVACIÓN.
2.3. - LA ÉTICA COMO SINERGIA DE VALORES Y PRINCIPIOS.
2.4. - COLABORACIÓN, AYUDA MUTUA Y LUCRO.
2.4.1. - La Colaboración.
2.4.2. - Ayuda Mutua.
2.4.3. - Lucro o no lucro, entre la Economía de Capital y el Asociacionismo.
   2.4.3.1. - ¿Quién se lucra?.
   2.4.3.2. - Lucro no pero excedentes sí.
   2.4.3.3. - Los excedentes no son lucro. Casos ilustrativos.
2.5. - ASOCIACIONISMO, MUTUALISMO Y COOPERATIVISMO COMO VALORES DE LAS OES.
2.5.1. - La Economía Social y sus organizaciones.
2.6. - LA SOLIDARIDAD COMO VALOR CUMBRE.
2.6.1. - Sentidos de Pertenencia y Propiedad como ejes de la Solidaridad.
2.6.2. - La solidaridad como principio ético.
2.6.3. - El término Economía Solidaria.

03. - SIETE VÍAS PARA CONSTITUIR ORGANIZACIONES.
3.1. - LAS ORGANIZACIONES PÚBLICAS.
3.2. - LAS ORGANIZACIONES DE CAPITAL O CON FINES DE LUCRO.
3.3. - LAS ORGANIZACIONES DE LA ECONOMÍA SOCIAL (OES).
3.3.1. - Formas de OES.
   3.3.1.1. - Las asociaciones.
   3.3.1.2. - Las mutuales.
   3.3.1.3. - Las Cooperativas.
3.4. - RELACIONES INTERORGANIZACIONALES.

3.5. - AUTOEMPLEO Y MICROEMPRESAS COMO VÍAS EN AUGE.
    3.5.1. - El autoempleo.
    3.5.2. - Los negocios inclusivos.
        3.5.2.1. - Ventajas de los negocios inclusivos.
        3.5.3. - Microempresas familiares.
        3.5.4. - Esquemas de microfinanzas.

04. - CONSTITUCIÓN Y PUESTA EN MARCHA DE ORGANIZACIONES.
4.1. - DE LA IDEA AL PLAN DE NEGOCIOS.
    4.1.1. - Equipo promotor y diagnóstico.
    4.1.2. - El Plan de Negocios o Plan Organizacional.
    4.1.3. - Estructura del Plan de Negocios.
        4.1.3.1. - Presentación.
        4.1.3.2. - Producto y mercado.
        4.1.3.3. - Tecnología.
        4.1.3.4. - Producción.
        4.1.3.5. - Personal.
        4.1.3.6. - Lo financiero.
        4.1.3.7. - Lo Administrativo-Contable.
4.2. - DEPARTAMENTALIZACIÓN.
4.3. - ORGANIGRAMAS.
4.4. - FUENTES DEL DERECHO Y FORMAS JURÍDICAS DE LAS ORGANIZACIONES.
    4.4.1. - Fuentes jurídicas.
        4.4.1.1. - El Derecho Mercantil.
        4.4.1.2. - El Derecho Civil.
        4.4.1.3. - El Derecho Administrativo.
        4.4.1.4. - El Derecho Cooperativo.
    4.4.2. - Factores que influyen en la selección de la forma jurídica.
        4.4.2.1. - El número de emprendedores.
        4.4.2.2. - Actividad de la empresa.
        4.4.2.3. - El capital inicial.
        4.4.2.4. - La responsabilidad de los promotores.
        4.4.2.5. - Complejidad de los trámites para la constitución.
        4.4.2.6. - Aspectos fiscales.
        4.4.2.7. - Libertad de acción del emprendedor.
        4.4.2.8.- Otras consideraciones.
4.5. - LA PUESTA EN MARCHA.
    4.5.1. - La Asamblea Constitutiva.
    4.5.2. - El Estatuto.
    4.5.3. - Los reglamentos internos.
    4.5.4. - Delegación de atribuciones.
    4.5.5. - El patrimonio.
    4.5.6. - Trámites finales.

- A MANERA DE CIERRE.
- NOTAS.
- AUTOR

- GRÁFICOS.

N° 01. SECUENCIA LÓGICA DEL CRECIMIENTO ORGANIZACIONAL.
N° 02. RELACIONES PROCESO ADMINISTRATIVO – FUNCIONES – ESFERAS ORGANIZACIONALES
N° 03. FORMULACIÓN DE VALORES, MISIÓN, VISIÓN Y OBJETIVOS ESTRATÉGICOS.
N° 04. OBJETIVOS ESTRATÉGICOS, INDICADORES Y PLAN DE GESTIÓN.
N° 05. MATRIZ DOFA.
N° 06. MATRIZ DOFA. FORMULACIÓN DE ESTRATEGIAS.
N° 07. CUBO DE VARIABLES ORGANIZACIONALES.
N° 08. PIRÁMIDE DE MASLOW.
N° 09. - ESCALA DE VALORES DEL INDIVIDUALISMO A LA SOLIDARIDAD.
N° 10. TIPOS DE ECONOMÍA Y OPCIONES DE INTERCOOPERACIÓN.
N° 11. SECUENCIA DE LA FORMULACIÓN DEL PROYECTO.
N° 13. VISTA CENITAL DE UNA ORGANIZACIÓN AUTOGESTIONARIA.

- PRESENTACIÓN.

En general las organizaciones son constituidas para enfrentar situaciones y realizar los sueños de sus fundadores. Son ellos quienes las transmiten inicialmente sus propios valores, les establecen sus objetivos, diseñan el producto o servicio a prestar, precisan la tecnología, establecen el proceso productivo, fijan los perfiles del personal, seleccionan la forma jurídica, determinan las fuentes financieras, aprueban las herramientas de gestión y las contables, les definen el binomio Misión-Visión, aprueban el Estatuto, y las ponen en marcha constituyendo sus redes humanas internas y las de proveedores y beneficiarios o clientes con sus esfuerzos, los de otros directivos y el fundamental de los trabajadores.

Concepto y direccionalidad: ¿Cómo se concibe la empresa y hacia dónde dirigirla?, son factores que sumados a las redes humanas y a los riesgos de inversión, fortalecen el sentido de propiedad en los fundadores, y en ellos y en quienes se sumen el sentido de pertenencia. Ambos sentidos hacen que vean la empresa como hija propia, la cuiden y conduzcan bajo el precepto legal del buen padre, preocupándose incluso por las generaciones de relevo.

La sinergia de los elementos mencionados generan en los emprendedores lo que puede definirse como Fuerza Fundante, suerte de poder especial que concede a los fundadores un *savoir faire* o concepto especial de la empresa y coloca los rieles que la direccionarán y permitirán su éxito y hasta su resiliencia en caso de crisis. Cuando por intromisiones externas como estatizaciones o intervenciones de cualquier tipo la Fuerza Fundante original o la transformada mediante acciones de la generación de relevo desaparece, el fracaso es inevitable.

Pero el proceso no queda allí, los fundadores también imprimen pretensiones no plasmadas en el dúo Misión-Visión o el Estatuto y se refieren a lo que desean para ellos mismos, sus familias, el país y las generaciones de relevo. Estas pretensiones no formales, por no estar escritas y visibles en los documentos estratégicos de las organizaciones se suman a la Fuerza Fundante y en numerosas ocasiones adquieren mayor peso que las formales.

En este panorama juega papel crucial lo humano-organizacional; quien emprende debe centrar su atención en las personas que los acompañan, sus ideas, valores, y complejas creencias y combinarlas asertivamente con la necesidad de fijar claros objetivos estratégicos y la importancia de dominar el eje mercado ↔ tecnología ↔ producción ↔ lo financiero ↔ lo administrativo-contable para conceder factibilidad económica a su potencial empresa.

Para el autor "*No hay mejor acción que una buena teoría*" por lo que es fundamental impulsar la construcción de una teoría sobre el emprendimiento, en esa inquietud subyacen varias intenciones: 1.- Que los emprendedores se definan como tales, se doten de una visión integral y dominen herramientas para innovar y producir cambios; 2.- construir organizaciones fuertes en lo social y lo empresarial, perfeccionando procesos para enfrentar por un lado los retos de la globalización neoliberal generada por un capitalismo monopólico, y por el otro ciertos capitalismos salvajes de estados que todo lo burocratizan y quiebran lo que estatizan; 3.- comprender las características y alcances de empresas que estarán en permanente reconstrucción: raíces, momentos, relaciones con otros sectores, proyecciones y trascendencia en la sociedad y el tiempo; y 4.- reafirmar la identidad de cada tipo de organización con bases en su propia dinámica y al interior de la lógica de su desarrollo.

En definitiva, la necesidad de construir una teoría sobre el emprendimiento desde la perspectiva de la Teoría Administrativa constituye un reto prioritario para los estudiosos de las organizaciones.

Este documento obedece a la necesidad de un texto que, a manera de árbol oriente el dominio de elementos teóricos y ciertas herramientas en cuanto a emprendimiento y la constitución de organizaciones como bases de una gestión exitosa. No pretende ser manual ya que no presenta sistemas, técnicas específicas o instrucciones operativas; tampoco un ensayo, aunque numerosos planteamientos se formulan sobre conocimientos teóricos y de terreno en organizaciones de diferentes sectores, particularmente cooperativas por quien suscribe; puede si, ser considerado como texto de consulta. Con él se aspira aportar a una reflexión sobre el apropiado diseño de empresas, su organización y funcionamiento desde las perspectivas éticas y organizacionales de sus fundadores y posteriores generaciones de relevo, con bases se resiliencia y éxitos.

Se inicia con el emprendimiento como actividad propia de quienes deciden enfrentar problemas o situaciones de manera individual o asociativa valiéndose de una organización. El emprendimiento se riñe con la apatía, es un proceso dinámico que se inicia con la decisión de enfrentar un problema o situación y la organización resultante del deseo de enfrentarlo dependerá en mucho de los valores y pretenciones de quienes emprenden y del concepto y dirección que orientarán el diseño de la organización y su puesta en marcha, por convención y para efectos de este documento, la síntesis de estos cuatro elementos recibirá el nombre de fuerza fundante.

En paralelo se reflexiona sobre los valores que surgen en la medida en que el emprendimiento se desarrolla; se abre el compás a propósito del emprendimiento individual y el colectivo, continúa esta reflexión con un panorama de las escuelas del pensamiento administrativo o concepciones acerca del funcionamiento de las organizaciones y sus relaciones con la sociedad.

- Acotaciones personales.

Este documento es el fruto de años de observaciones participantes y consideraciones teóricas y empíricas del autor productos de su condición como: profesor del área de la Teoría

Administrativa; activista del Movimiento Cooperativo Venezolano; visitas y pasantías en variadas PyMEs, centros de estudios, y Organizaciones de la Economía Social (OES) de una treintena de países; conferencista invitado y facilitador de diversas universidades, empresas, OES y cooperativas; y consultor empresarial, articulista y autor de varios libros sobre sus temas. Por lo dicho, lo escrito no es de su exclusividad, le corresponde si la sistematización de sus reflexiones, las debilidades de este documento, y las consecuencias de sus opiniones.

Su condición de egresado de la Escuela de Administración y Contaduría de la Universidad Central de Venezuela (UCV) con estudios de postgrados en desarrollo y planificación en la Universidad de París I (Panteón- Sorbona) y de cooperativismo, autogestión y sociología del desarrollo bajo la dirección del Prof. Henry Desroche en el binomio Escuela de Altos Estudios en Ciencias Sociales de París / Colegio Cooperativo de París, le permitieron reflexionar sobre la importancia del dominio del emprendimiento y la gestión en todos los ámbitos de la sociedad.

También participó en: 1.- Primer Programa Latinoamericano de Formación de Gerentes Sociales. Centro Latinoamericano de Administración para el Desarrollo de Escuela de Gerencia Social-Gobierno de España - Programa de NNUU para Combatir la pobreza-Programa de NNUU para la Reforma del Estado. Coordinado por el Dr. Bernardo Kliksberg; 2.- Programa en Creación y desarrollo de Pequeñas y Medianas Empresas para Dirigentes de Centros de Gerencia Latinoamericanos del Fondo León Bekaert-Reinado de Bélgica. Bruselas; y 3.- Programa Internacional de Formación Europea en Gestión Empresarial de Pequeñas y Medianas Empresas-PyME´s. organizado por: Unión Europea - Escuela Superior de Administración de Empresas (ESADE, Barcelona-España) - Universidad EAFIT y Eurocentro Colombia. Medellín.

En su UCV fue Jefe del Departamento de Ciencia Administrativa y de las Cátedras de Administración Pública y de Modelos Gerenciales Participativos. También fundador y Coordinador General del Centro de Estudios de la Participación, la Autogestión y el Cooperativismo (Cepac-UCV, 1978-2008); impulsor y cofundador del Ciriec-Venezuela, red de académicos venezolanos de la cual fue presidente y representante ante el Ciriec-Internacional y el Consejo Consultivo de ACI-Américas. Fue representante por Venezuela ante *la Red Universitaria de las Américas en Estudios Cooperativos y Asociativismo (Unircoop)* y miembro de su Comité Científico. Es miembro de la Red de Pensamiento Cooperativo de Cooperativas de las Américas; investigador invitado del Centro de Estudios en Economía Solidaria, Universidad de San Gil, Colombia; facilitador de Emprendimiento y Microempresas de la Fundación de la Universidad de Los Andes (Venezuela) y consultor en emprendimiento, participación, diseño organizacional, Responsabilidad Social y Balance Social de cooperativas y otras organizaciones. **Fue** honrado con la Orden Mérito al Trabajo en su Primera Clase del Ministerio de Trabajo por solicitud de la Central Cooperativa Nacional de Venezuela (Ceconave).

Oscar Bastidas Delgado.

01.- LAS ORGANIZACIONES COMO OBJETO DE LA GESTIÓN.

La gestión puede entenderse como toda acción referida a la realización de trámites o logro de cosas; también se puede entender como el conjunto de acciones desarrolladas en la conducción humana de personas y recursos para lograr objetivos en un periodo determinado.

Ambas acciones implican gestión, pero este texto focaliza de manera particular el proceso mediante el cual una persona o grupo humano se orienta a sí mismo y a otras personas en la aplicación de recursos financieros y materiales para el logro de objetivos establecidos en determinado tiempo, que concede estabilidad a las relaciones entre las personas, los recursos, y los objetivos en el lapso establecido.

Ese conjunto de relaciones personas – recursos – objetivos – tiempo, pre-configura las organizaciones, la manera natural de aproximarse a ellas y a su gestión como proceso continuo que garantiza su funcionamiento y marcha, es indagando en sus claves de funcionamiento, en sus procesos.

1.1. - SINERGIA DE PROCESOS.

El análisis de cualquier organización se inicia revisando su origen, particularmente las necesidades o problemas que la originaron, los productos y servicios que genera, sus beneficiarios; los procesos y tecnologías que utiliza, las personas y recursos aportados, los procesos administrativo y contables, los estudios de factibilidad, ¡si los hubo!, la disposición e intereses de los involucrados, relaciones, alianzas e impactos socio-económicos esperados y logrados. Entre esos elementos existe una lógica secuencial que puede representarse así:

GRÁFICO N° 01. SECUENCIA LÓGICA DEL CRECIMIENTO ORGANIZACIONAL.

> Antecedentes → Constitución → Puesta en marcha → Funcionamiento →
> Resultados → Realimentación del proceso.

Como toda acción humana una organización estará marcada por los valores y principios de sus fundadores; en las cooperativas ellos tienen mayor pertinencia que en otras organizaciones pues el movimiento cooperativo se ha preocupado por presentarlos como elementos inseparables de su Identidad; de ellos, las cooperativas son excelentes exponentes.

La manera como se configure el inicio de una organización marca en mucho su desarrollo. Al analizar el origen de las organizaciones cooperativas Jaroslav Vanek[1] individualiza cinco modalidades de nacimiento, son:

1. - La constitución espontánea. La organización es constituida *ex profeso* y voluntariamente por personas que actúan ante determinados problemas o necesidades.

2. - La constitución inducida. Se crea con la ayuda de entes externos generalmente ante necesidades extremas de sus potenciales beneficiarios. Sucede con variados programas sociales que impulsan fundaciones, organizaciones no gubernamentales, asociaciones, cooperativas, u otras, quedando ellas en manos de las personas o entes fundantes.

3. - La reorganización amigable. En este caso una empresa en funcionamiento se reorganiza con el consenso de las partes. Son varios los casos en que los propietarios han envejecido sin formar generación de relevo y acuerdan esta reorganización con los trabajadores.

4. - La reorganización agresiva. Los trabajadores imponen la conversión mediante acciones de presión como huelgas o control obrero, hasta la conversión definitiva. En varios casos reciben apoyos políticos y hasta económicos de sindicatos y gobiernos.

5. - La quiebra. Los trabajadores recuperan la empresa asumiendo su gestión y hasta la propiedad. Esta modalidad ha tomado fuerza en los últimos 30 años, numerosas empresas se han convertido en cooperativas en Argentina, Brasil y otros países o han pasado a sus extrabajadores mediante formas jurídicas especiales como las sociedades anónimas laborales españolas.

Este esquema requiere ser reformulado a la luz de los cambios mundiales y regionales y de las especificidades de la cooperativa, sin duda que la vertiente constitutiva que se utilice tendrá peso en el desenvolvimiento ulterior de la organización.

Pero analizar el funcionamiento de una organización no es tarea fácil, menos sin rudimentos de teoría organizacional; sin esa teoría toda organización sería vista como una "amalgama de cosas indiferenciadas" lo que impediría captar sus esencias y fundamentos. Si a esa deficiencia teórica se agrega la intención de comparar varias organizaciones, el proceso se haría más complejo.

Para superar estas limitantes, quienes han analizado el fenómeno organizacional a lo largo del desarrollo de la humanidad, han atribuido nombres y conceptos a cada una de esas "cosas", considerándolas variables organizacionales, definiéndolas y determinando sus roles en las organizaciones, facilitando así posibles comparaciones ya que todas esas variables están presentes en cualquier organización sea ésta una bodega, una oficina gubernamental, una empresa petrolera, o una cooperativa; un experto en gestión de debe dominar la totalidad de estas variables.

Solo con un cuerpo coherente y universal de conceptos e ideas que tengan por objeto el estudio de las organizaciones tanto en su dimensión interna como en las relaciones que establece con el resto de la sociedad, es posible explicar el funcionamiento de las organizaciones. Esa teoría, que se pretende universal es la denominada Teoría Administrativa; ella se ha nutrido fundamentalmente de experiencias de las grandes corporaciones privadas, básicamente del mundo occidental, y en menor medida de las públicas, lamentablemente casi nada de las cooperativas y otras OES.

Las organizaciones no son inermes, se debaten entre modelos extremos: 1. - El modelo burocrático con relaciones altamente jerarquizadas, estructuradas a manera de escalera, lo que les concede una imagen piramidal; y 2. - El modelo autogestionario, con poder compartido igualitariamente entre sus miembros al poseer forma de moneda, concéntricas en cuanto al poder ubicado en el centro y todos sus miembros a la misma distancia de él, y horizontales por no existir jerarquías entre miembros.

Entre ambas modalidades extremas existen otras intermedias como la coinfluencia, la participación en las actividades, los círculos de calidad, la cogestión parcial o la total, y la participación accionaria entre otras. En este panorama jugará papel importante la forma jurídica que se adopte: Compañía o sociedad anónima, ministerio, empresa pública con forma de compañía, asociación, mutual, cooperativa, fundación, sociedad civil, u otra.

También importará el tipo de relación que la organización entable con las comunidades y otras organizaciones, relaciones inter-organizacionales: gremiales, intercooperación, clúster, asociaciones, o de integración como federaciones, uniones, centrales, etc. La comprensión de estas relaciones amerita una "Visión de Entorno" que permita calibrar impactos en la sociedad: proveedores y clientes, sistemas impositivos, competencia, oportunidades, amenazas, u otros, que apuntalarán sus alianzas, mercadeo, y Responsabilidad Social Organizacional entre otros aspectos. Sobre la visión de entorno se profundizará en ulteriores puntos

1.1.1. - Sistemas o esferas organizacionales.

Se entiende por sistema todo conjunto de elementos con funciones específicas, ordenados e interrelacionados como ente único en función de un objetivo determinado. Bajo el entendido de que una organización como conjunto complejo de procesos es un sistema en sí misma, compete a su poder originario o grupo fundador, diseñar las unidades para su funcionamiento; ese proceso de agrupación de actividades y tareas en unidades es denominado proceso de departamentalización.

Las bases para establecer las unidades deberían estar definidas en el plan organizacional o de negocios formulado para determinar la factibilidad de la organización; definidas las unidades, el grupo fundador debe asignarlas a personas escogidas sobre perfiles de cargos mediante delegación de actividades, constituyéndose así tres sistemas o esferas claramente diferenciados presentes en toda organización, sea piramidal u horizontal:

Las tres esferas son profundamente impactadas por las características del medio en el que se desenvuelve la organización. El gráfico siguiente permite visualizar esos sistemas en una organización de carácter burocrático o con forma piramidal.

1. - El sistema estratégico de toma de decisiones, o esfera política. Está integrado por los niveles estratégicos y es responsable de la "vida y muerte" de la organización. En él se concentra el poder máximo de la organización gracias a la simbiosis de la propiedad formal de la organización con "la propiedad" o concentración de las decisiones estratégicas. Por ser estratégico, su horizonte de trabajo es de largo plazo, mayor de un año, y en él radica la gobernabilidad de la organización para ello formula objetivos, políticas, y decisiones estratégicas

Este sistema está constituido por la asamblea de accionistas si se trata de una organización de capital; los consejos de accionistas y el de trabajadores si es una organización cogestionaria; o la asamblea de asociados o de trabajadores si es cooperativa o autogestionaria.

GRÁFICO N° 02. RELACIONES PROCESO ADMINISTRATIVO – FUNCIONES – ESFERAS ORGANIZACIONALES

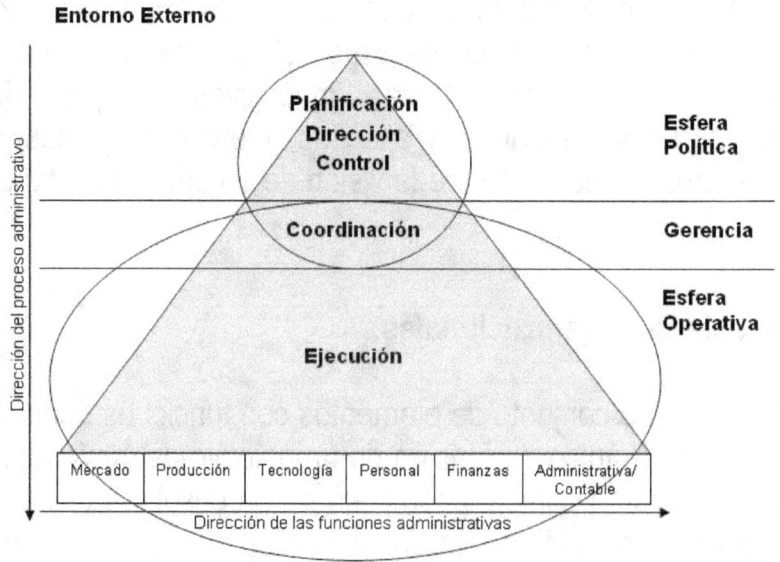

2. - El sistema operacional o esfera tecno-funcional, tecno-administrativa o de la división del trabajo. Compuesto por las unidades de ejecución de actividades y tareas, concentra las actividades básicas organizacionales y es responsable de las denominadas operaciones básicas o tareas cotidianas de la empresa. Trabaja sobre un horizonte temporal de corto plazo y está generalmente constituido por los comités o unidades operativas.

3. - El sistema gerencial o esfera de la coordinación. Suerte de intersección de los dos sistemas mencionados; juega a manera de "bisagra" responsable de que la esfera operativa convierta las decisiones estratégicas en hechos. Su horizonte de trabajo es un año y su espacio está ocupado por las juntas directivas, consejos coordinadores o de administración, y la gerencia, gerencias o coordinador o coordinadores, con o sin participación, según el caso.

Este trío de sistemas es atravesado por los procesos de información resultantes de la interacción colaborativa: personas-tecnologías-sistemas de información – decisiones – desempeño organizacional; estos procesos alimentan las decisiones a partir de su sinergia con la información generada por el proceso administrativo y las funciones administrativas para apoyar; en su dinámica influye el modelo de organización.

1.1.2. - Proceso administrativo y funciones administrativas.

Si se acepta que una organización es un todo único e indivisible, un recurso pedagógico es concebirla como una matriz de doble entrada de ejes o procesos: uno descendente, el proceso administrativo, y otro que va de izquierda a derecha, el de las funciones administrativas. Obsérvese el grafico anterior.

El proceso administrativo desarrolla cinco sub-procesos que actúan concomitantemente: planificación, dirección, organización, ejecución y control[2] apuntando a los objetivos; para Freeman y Stoner, involucra planear, organizar, liderar y controlar los esfuerzos de los miembros y el empleo de los demás recursos[3].

Sin ser rígidos, estos se corresponde con los sistemas básicos así: planificación, dirección, y control estratégico con la esfera política; control operacional, organización y coordinación con la esfera gerencial; y ejecución con la esfera operativa; por concentrarse el mayor peso del control en la esfera política, se coloca el control en ella.

Si la organización tiene forma piramidal el proceso administrativo se desarrolla de manera descendente a manera de cascada, constituyendo instancias por delegación y estableciendo responsabilidades. De poseer forma circular, como las organizaciones autogestionarias, la delegación se moverá a manera de oleaje desde el centro hacia la periferia. En ambos casos la instancia que delega puede retomar sus funciones a conveniencia, al estilo de un yo-yo; en esta afirmación juegan papel dos máximas: "la responsabilidad no se delega" y "quien puede lo más puede lo menos".

En cuanto a las funciones administrativas, son cinco básicas que pueden concentrarse en unidades específicas y se desarrollan gracias a una suerte de cadena secuencial con eslabones interrelacionados en la que cada uno sigue al otro: 1. - producto y mercadeo; 2. - producción; 3. - tecnología; 4. - personal; 5. - finanzas; y 6. - lo administrativo – contable[4]; ellas se complementan con otras como comunicación y seguridad.

Las funciones deben alinearse con los objetivos estratégicos a través del proceso administrativo; por ello, por cada función se planifica, se decide, se organiza, se coordina, ejecuta y controla, lo que concede coherencia a la afirmación de que una organización es un todo único e indivisible.

1.2. – HACIA UN CONCEPTO DE ORGANIZACIÓN.

Conceptos existen, pero interesa uno operativo que facilite al usuario desplazarse entre las partes de una organización, e investigarla o gestionarla dependiendo de sus intenciones. Una aproximación conceptual interesante la proporciona Amitai Etzioni al afirmar que son *"unidades sociales deliberadamente construidas para alcanzar fines específicos";* agrega que todas deben poseer tres elementos estructurales básicos[5]:

    1. - Objetivos preestablecidos. Asignados desde antes de ser constituidas.

    2. - Uno o más centros de poder. En algún nivel deben tomarse decisiones que orienten las personas y los recursos hacia los objetivos.

    3. - Capacidad de sustitución de sus miembros. La sobrevivencia dependerá de sucesivas generaciones de relevo, personas diferentes de sus fundadores la proyectarán en el tiempo. Cooperativas dependientes de uno o pocos fundadores tienden a desaparecer en paralelo con estos.

Estos tres elementos son referencias para examinar la dinámica organizacional desde la perspectiva del poder, las decisiones, y la participación, pero no son suficientes, interesa un concepto que explique "lo organizacional" integralmente.

Bernardo Kliksberg, luego de analizar referencias conceptuales como la de Etzioni, Chester Barnard, James Mooney, Chris Argyris, Pfiffner y Sherwood, afirma que una *"organización implica determinado modo particular de vinculación social entre individuos y grupos"*, agrega, *"no se trata de una simple reunión de individuos o de un plenario de grupo"*. Efectivamente, ese "modo particular de vinculación" se establece para lograr los objetivos preestablecidos señalados por Etzioni, pero ello son logrables solo mediante actividades integradas en el proceso administrativo y las funciones administrativas.

Kliksberg caracteriza una organización así[6]:

"I. Es una institución social.

II. Es centro de esa institución social, un sistema de actividades desempeñado por sus integrantes. El sistema de actividades se caracteriza por su coordinación consciente y racional, y crea expectativas fijas de comportamiento reciproco entre los miembros de la organización.

III. El conjunto de relaciones entre las actividades de la organización constituyen su estructura. La estructura es de carácter relativamente estable en el tiempo.

IV. Tiende hacia determinados fines. El proceso de fijación de esos fines, y el grado de cooperación que le acuerden sus miembros variarán según el tipo de organización.

V. Sus características, comportamiento y objetivos son profundamente incididos por las características del medio económico, político, cultural, social, etc., donde se desenvuelve. Tiene una relación de interacción mutua con el medio: es determinada por él en aspectos importantes, y a su vez con su acción contribuye a modelar los rasgos del medio".

Esa caracterización facilita formular el siguiente concepto operativo:

Una organización es una institución social caracterizada por un sistema de actividades desempeñado por sus integrantes en función de lograr fines y objetivos pre-establecidos, compuesta por tres tipos de actividades claramente diferenciadas; estratégicas, de coordinación y operativas, desarrolladas por diferentes estamentos de actores, o por los mismos actores cuando propende a la autogestión, responsables de realizar los sub-procesos administrativos (planificación, dirección, organización, ejecución y control) y las funciones administrativas (mercadeo o servicio, producción u operaciones, personal, financiera, y administrativa y contable, y otras de apoyo), siendo su comportamiento y objetivos profundamente incididos por los valores y principios de sus actores y las características del medio donde se desenvuelve.

1.3. – PLANIFICACIÓN ESTRATÉGICA Y LINEAMIENTOS ESTRATÉGICOS.

Esta planificación enfoca la organización como un todo y se aplica para satisfacer las metas generales de la organización. La consecuencia lógica en lo operativo, de la adopción de esta modalidad por una organización, es la llamada administración o gestión estratégica

Un factor clave de esta modalidad es el establecimiento de los lineamientos estratégicos. Éstos, que de manera incipiente deben preverse antes de constituir la organización y revisarlos cada vez que las situaciones en ella cambien, son fundamentales para la gestión ya que son las pautas que regirán la actividad cotidiana de la organización y entre esas pautas se encuentra la participación que debe ser eje básico de toda cooperativa.

Estos lineamientos deben formularse con la mayor participación de quienes tienen en sus manos el poder real de enrumbarla, de dirigirla, es decir, por los miembros del Gobierno Corporativo. Se estructuran en cuatro componentes de base: Valores-Misión – Visión- Objetivos Estratégicos, y sobre estos últimos podrán formularse el Sistema de Indicadores de Gestión y el Plan Anual de Gestión; ellos sientan también bases para el Plan de Responsabilidad Social y el respectivo Balance Social.

La planificación estratégica parte de una situación inicial detectada y descrita mediante diagnósticos, a la que se contrapone en el tiempo la imagen objetivo o situación deseada que orientará los esfuerzos y uso de recursos hacia ella. Dada la incertidumbre que pesa sobre cualquier opción futura, es clave el logro de consensos entre los actores de la organización, por lo que, si según Drucker al tomar decisiones en el marco de la planificación estratégica se asumen riesgos empresariales[7], es lógico pensar en poseer el mayor conocimiento sobre el posible futuro y organizar debidamente los esfuerzos.

Los lineamientos estratégicos son los siguientes.

-Valores. Actúan como pautas de conducta. Si son compartidos, como consecuencia de la sinergia de criterios de quienes lo formulan, apoyan adoptar o no ciertas rutas entre la Misión y la Visión que son referencias que orientan la acción. Pueden visualizarse como los dos puntos de una recta que orienta otros elementos estratégicos como los objetivos operacionales, las metas y estrategias.

Los valores y principios fueron discutidos en el punto referido a la Identidad Cooperativa. A partir de ellos los actores de una organización pueden también formular un código de ética o de conducta, también un credo como el siguiente de la colombiana Cooperativa de Hospitales de Antioquía (Cohan)[8]:

> *"1. Creemos en la primacía del interés colectivo sobre el individual y en el cooperativismo como una forma de integración entre los hombres y organizaciones para obtener beneficios mutuos.*
>
> *2. Creemos en el desarrollo social basado en el interés colectivo y en el respeto a los derechos individuales.*
>
> *3. Creemos en la democracia participativa como una mejor forma de expresión política de los ciudadanos.*
>
> *4. Creemos que la justicia social es garantía de progreso y de convivencia en paz.*
>
> *5. Creemos en la calidad como filosofía fundamento de nuestro trabajo.*
>
> *6. Creemos que la educación permanente, desarrolla el talento humano para los fines más nobles como la empresa Cooperativa".*

-**Misión.** Es una síntesis de la naturaleza de la organización que sirve de marco para su estrategia de salida. Explica en qué mercado opera, a cuáles clientes apunta, cuáles necesidades de los clientes pretende satisfacer, productos que ofrece, propiedades esenciales de esos productos, y cómo se actuara.

Según David, la Misión debe contener diez partes características[9]:

> *"1. - Clientes / usuarios / beneficiarios. Debe identificar quienes son los clientes.*
>
> *2. - Productos / Servicios. Debe identificar cuáles son los productos o servicios más importantes.*
>
> *3. - Mercado. Identificar si la organización compite geográficamente.*
>
> *4. - Tecnología. Identificar cual es la tecnología básica.*
>
> *5. - Preocupación por supervivencia, crecimiento y rentabilidad. Debe explicar cuál es la actitud de la organización con relación a sus metas económicas.*
>
> *6. - Filosofía. Identificar sus valores, principios, creencias y aspiraciones fundamentales de la organización y sus prioridades filosóficas.*
>
> *7. - Concepto de sí misma. Identificar fortalezas y ventajas competitivas claves de la organización.*
>
> *8. - Preocupación por imagen pública. Identificar la imagen pública que desea reflejar la organización.*
>
> *9. - Efectividad reconciliatoria. Identificar si la organización pone atención a los deseos de las personas claves relacionadas con ella.*
>
> *10. - Calidad inspiradora. La lectura de la Misión, debe inspirar a la acción."*

Considerando estos preceptos, pudiera establecerse como ejemplo la siguiente Misión de una cooperativa de distribución de gas:

> *"Administrar y distribuir gas combustible en forma racional, segura y rentable satisfaciendo de manera eficiente la demanda del servicio de los usuarios del Municipio Norte, contando para ello con asociados y personal especializado, con moderna tecnología y recursos financieros propios contribuyendo con el mejoramiento de la calidad de vida de la comunidad orientados por los valores y principios cooperativos y los preceptos de la Responsabilidad Social".*

- **Visión.** Es la visualización de la situación que la organización pretende lograr en un horizonte algo lejano, normalmente 5 años, aunque aún no esté claro el camino para ello. Expresa la imagen-objetivo a lograr desarrollada la Misión. Debe corresponderse con la idea de un futuro realista, verosímil y atractivo, mejor que el actual.

Debe contener tres elementos claves como lo son:

1. - El Marco Competitivo. Los negocios y los lugares en los cuales la organización competirá.

2. - Objetivos Fundamentales. Definición del rol que la organización adoptará: descripción de lo que espera lograr, método para ampliar el éxito futuro.

3. - Fuentes de Ventajas Competitivas. Las habilidades que la organización desarrollará para lograr su Visión; breve descripción de como logrará el éxito.

Tomando en cuenta lo expresado un ejemplo aplicado a la cooperativa anterior es:

"Ser la organización líder en la distribución del gas combustible del Municipio Norte, con reconocimiento nacional e internacional por su capacidad técnica, rentabilidad, política administrativa y una excelencia en servicios que le permitan competir ventajosamente con otras fuentes de energías alternas, satisfaciendo la demanda de los usuarios".

Las preguntas claves para formular la Misión se relacionan con ¿qué?, ¿para qué? y ¿cómo?: 1. - ¿A qué actividad nos dedicamos?; 2. - ¿Qué necesidades satisfacemos con nuestros productos o servicios?; ¿A qué mercado se dirigen nuestros productos o servicios?; 3. - ¿A qué otros grupos de interés pretendemos servir?; 4. - ¿Cómo satisfaremos la necesidad que pretendemos cubrir?; y 5. - ¿Cómo nos proponemos servir a sus distintos grupos de interés, es decir a sus accionistas, trabajadores, clientes, proveedores, comunidad, etc.?. Las de la Visión se relaciona con ¿Hacia dónde?: ¿Cuál posición deseamos alcanzar en determinado plazo?.

GRÁFICO N° 03. FORMULACIÓN DE VALORES, MISIÓN, VISIÓN Y OBJETIVOS ESTRATÉGICOS.

No es casual entonces que el dúo Misión-Visión y los valores organizacionales ocupen roles claves en la definición de los lineamientos estratégicos de cualquier organización moderna, sea ésta una bodega, una empresa petrolera, un ministerio, una fundación, una cooperativa o una empresa familiar.

Valores, Misión y Visión, debe difundirse apropiadamente con la intención de que la totalidad de los actores de la organización se apropien de ellas y funcionen como factores poderosos de motivación.

Definidos estos elementos es cuando pueden definirse los objetivos estratégicos.

-Objetivos Estratégicos. Son aquellos objetivos de los cuales dependen la vida, desarrollo y muerte de la organización. El primero es constituir la organización y el último es cerrarla, entre ambos se encuentran los relativos a la organización y funcionamiento vistos desde su mayor nivel.

Los objetivos estratégicos obran a manera de cascada concediendo direccionalidad a la totalidad de los niveles organizacionales; por ello, deben establecerse como un sistema y lograr que la totalidad de los actores se apropien de y encaminen sus acciones con apropiado monitoreo de los niveles superiores de coordinación. Ellos son base de los planes tácticos o funcionales y estos a su vez de los planes operativos; a futuro, los planes facilitarán la comparación con lo logrado.

-Indicadores de Gestión. En el establecimiento de los objetivos estratégicos jugarán importante papel los estándares y puntos críticos de cada uno, ya que de ellos se desprenden los indicadores que permitirán a la dirección orientarse y monitorear las diversas situaciones, y a quienes controlen, verificar el cumplimiento de objetivos calificando los aportes de sus responsables, de las unidades, y finalmente de la organización como un todo.

Los indicadores deben formularse como un sistema considerando los objetivos estratégicos y las funciones administrativas o los aspectos relevantes acordados. Solo a partir de ellos se detectarán las relaciones inter-funcionales y se monitorearán los avances; el sistema se perfeccionará en paralelo con las acciones de los objetivos estratégicos, única manera de determinar cuáles son los necesarios. Obsérvese punto 7.4.

-Matriz DOFA. Un paso clave para definir los objetivos lo constituye el análisis o diagnóstico organizacional. Es recomendable que este proceso se apoye en la Matriz DOFA: Debilidades, Oportunidades, Fortalezas y Amenazas de la organización. Definido el sistema de objetivos, que pueden ser funcionales si se hace sobre las funciones administrativas o cruzarse con aspectos relevantes de la organización como productos y usuarios, deben desarrollarse sub-objetivos y elaborarse cronogramas con responsables de actividades y presupuestos. Sobre el Sistema de Objetivos se formulará el Sistema de Indicadores de Gestión, a cada objetivo debe asignarse a un coordinador.

-Plan de Gestión. Con el conjunto de objetivos estratégicos y de indicadores, cronogramas y presupuestos anuales, por agregación pero observando sinergias, se formulará el Plan de Gestión que, para que tenga legitimidad, debe aprobarse en asamblea de asociados.

GRÁFICO N° 04. OBJETIVOS ESTRATÉGICOS, INDICADORES Y PLAN DE GESTIÓN.

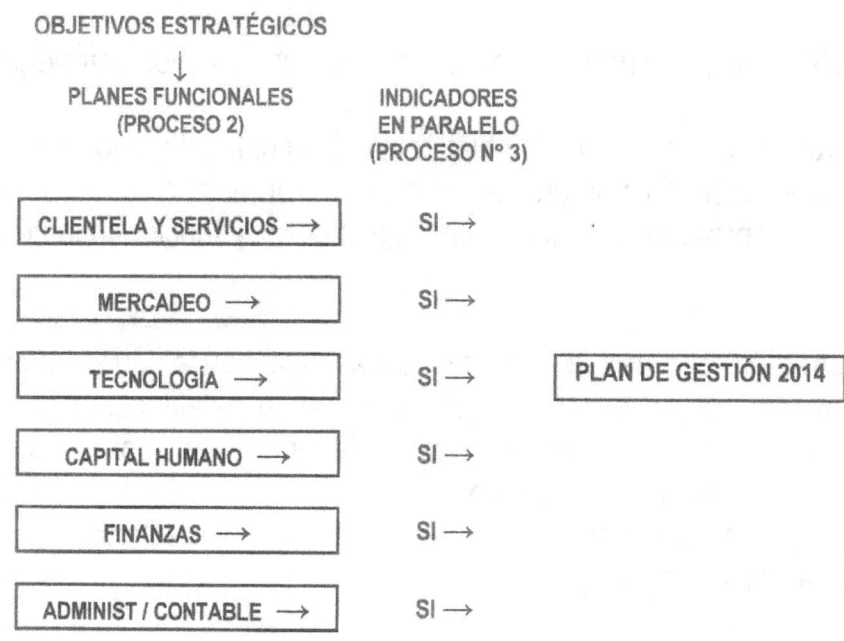

- **Indicadores de Gestión.** En el establecimiento de los objetivos estratégicos jugarán importante papel los estándares y puntos críticos de cada uno, ya que de ellos se desprenden los indicadores que permitirán a la dirección orientarse y monitorear las diversas situaciones, y a quienes controlen, verificar el cumplimiento de objetivos calificando los aportes de sus responsables, de las unidades, y finalmente de la organización como un todo.

Los indicadores deben formularse como un sistema considerando los objetivos estratégicos y las funciones administrativas o los aspectos relevantes acordados. Solo a partir de ellos se detectarán las relaciones inter-funcionales y se monitorearán los avances; el sistema se perfeccionará en paralelo con las acciones de los objetivos estratégicos, única manera de determinar cuáles son los necesarios.

- **Matriz DOFA.** Formular estrategias y objetivo adecuados obliga al uso de herramientas que les concedan sustento y permitan una buena definición de ellas; es recomendable que este proceso se apoye en la Matriz DOFA, es una herramienta de análisis estratégico que permite analizar elementos internos o externos de organizaciones, programas y proyectos.

Ella posee doble entrada. En la primera fila se analizan los factores internos y por tanto controlables:

- **F**ortalezas. Son elementos internos positivos: deben utilizarse

- **D**ebilidades. Son elementos internos negativos: deben superarse.

En la segunda los externos o no controlables:

- **O**portunidades. Son situaciones externas, positivas: pueden aprovecharse.

- **A**menazas. Son situaciones externas negativas, alerta: pueden afectar.

GRÁFICO N° 05. MATRIZ DOFA.

FORTALEZAS (+).	DEBILIDADES (=).
OPORTUNIDADES (+).	AMENAZAS (=).

Una interrogante apoya el aprovechar adecuadamente el análisis del diagnóstico: ¿Qué pasa si no se aprovechan las fortalezas y las oportunidades y si no evitamos las amenazas o eliminamos las debilidades. De la respuesta se obtendrán conclusiones válidas para dar prioridad. En un primer momento las situaciones o variables solo se listan, discute, reagrupan y jerarquizan por importancia e impactos, por consenso preferiblemente, para tener una visión de ellas. Aunque no se escriba en la matriz, cada variable debe tener su explicación con base en el diagnóstico; se recomienda anotarlas.

A simple vista las condiciones que ocupan el espacio F/O son las mejores para la organización, y las del D/A, las negativas.

Con base en la DOFA se formulan las estrategias; ellas: 1.- Se redactan con verbo en infinitivo; 2.- Serán "arropadas" bajo un objetivo; y 3.- Una puede ser un objetivo en sí misma.

Atención con el verbo con el que se inicia la redacción de la estrategia: 1.- Debe ser un verbo de acción; y 2.- debe considerar complejidad. A manera de ejemplo, los verbos iniciar, instrumentar, impulsar y desarrollar, no implican similar complejidad.

Su buen manejo debe permitir el diseño de estrategias adecuadas. Sobre construcciones sucesivas se llega a la matriz siguiente en la que las variables se cruzan para determinar interrelaciones, así:

GRÁFICO N° 06. MATRIZ DOFA. FORMULACIÓN DE ESTRATEGIAS.

	FORTALEZA (+) *Lista jerarquizadas*	**DEBILIDADES (-)** *Lista jerarquizada*
OPORTUNIDADES (+) *Lista jerarquizada*	**Estrategias-FO** Usar las fortalezas internas de la organización para tomar ventaja de las oportunidades externas	**Estrategias-DO** Superar o mejorar las debilidades internas para tomar ventaja de las oportunidades externas
AMENAZAS (-) *Lista jerarquizada*	**Estrategias-FA** Usar las fortalezas de la organización para evitar o reducir el impacto de las amenazas externas	**Estrategias-DA** Definir acciones para reducir las debilidades internas y evitar las amenazas del entorno

- **Plan de Gestión.** Con el conjunto de objetivos estratégicos y de indicadores, cronogramas y presupuestos anuales, por agregación pero observando sinergias, se formulará el Plan de Gestión que, para que tenga legitimidad, debe aprobarse en asamblea de asociados.

Teóricamente, si la Visión se construyó a x número de años, el plan debería ser seccionado entre ese número para generar los planes anuales de gestión y efectuar apropiadamente los seguimientos, controles e informes anuales.

1.4. - LAS VARIABLES ORGANIZACIONALES.

En la medida en que la dinámica organizacional se hacía más compleja y enriquecía el conocimiento sobre las organizaciones por quienes trataban de comprenderlas y gerenciarlas, se conformó un cuerpo de conocimiento hoy denominado Teoría Administrativa, teoría que, en una especie de espiral creciente al infinito, se nutría y nutre de la realidad al mismo tiempo que la realidad lo se nutría y nutre de ella.

El enriquecimiento mutuo Teoría Administrativa – Práctica Administrativa ha permitido a quienes tienen a las organizaciones como objeto de estudio y de gestión, acumular conceptos altamente interrelacionados sin los cuales hoy sería imposible comprender la dinámica administrativa. Para efectos de este documento, esos conceptos serán las variables organizacionales y su estudio obliga al Tecnólogo en Gestión de Empresas Solidarias, a conocerlos como base conceptual mínima para comprender las organizaciones, desplegar un discurso coherente hacia sus pares, y gestionarlas.

Sin olvidar que las variables organizacionales son tan complejas como la realidad misma y que esa complejidad tiende al infinito pues la reciprocidad Teoría – Práctica es creciente, se recurre al recurso pedagógico de intentar representarla mediante la figura de un cubo, aun conociendo la restricción de sus seis caras. En la medida en que las variables aumenten, aumentarán las caras de la figura y ésta pudiere adquirir forma esférica.

Las seis caras o planos son:

Plano 1: Sistemas o esferas organizacionales. A saber: 1. - El sistema de toma de decisiones o esfera política; 2. - el sistema operacional, llamado también esfera tecno-funcional, tecno-administrativa o de la división del trabajo, que concentra las actividades básicas organizacionales; y 3. - el sistema gerencial o de coordinación, que juega a manera de "bisagra" entre los anteriores.

Plano 2. - Proceso administrativo. El cubo considera el proceso administrativos con sus cinco sub-procesos: planificación, dirección, coordinación, ejecución y control.

Plano 3. - Funciones administrativas. Son: cinco básicas: 1. - producto y mercadeo; 2. - producción; 3. - tecnología; 4. - personal; 5. - finanzas; y 6. - lo administrativo – contable[10]; ellas se complementan con otras como comunicación y seguridad.

Plano 4. - Variables internas. Conjunto de trece variables con alta pertinencia e influencia en el comportamiento organizacional: valores, objetivos, poder, propiedad, centralización, jerarquía, autoridad, mando, liderazgo, división del trabajo, comunicación, sentido de pertenencia, cultura organizacional, y "otras variables" como comodín para obviar el riesgo de no inclusión de alguna.

Plano 5. - Participación. De la posibilidad de participación que posean los miembros de la organización en las esferas de ella surgirán las modalidades participativas y el peso definitivo de la participación de de sus miembros. A este proceso se dedica un punto.

Plano 6. Relaciones con el entorno. Aborda a aquellas variables cuyos orígenes e impactos no dependen de la organización salvo en las relaciones que esta pudiere entablar con otras organizaciones; considera competencia, alianzas, acuerdos, intercooperación, integración, bien sea con instancias públicas, de capital, u otras OES.

GRÁFICO N° 07. CUBO DE VARIABLES ORGANIZACIONALES.

Estas variables deben ser del conocimiento de cualquier persona que pretenda aproximarse al mundo organizacional como las que pretenden conducir cooperativas. Conocidas ellas, el cubo puede utilizarse como herramienta de análisis organizacional jugando a observar los cambios del conjunto al aplicarse a organizaciones específicas y modificarse cada variable o el conjunto de ellas.

1.5. - ESCUELAS DEL PENSAMIENTO ADMINISTRATIVO.

Aún con visiones empíricas y conceptos no acabados, el análisis de las organizaciones como fenómeno social objeto de estudio se convirtió en realidad a partir del S. XX con el apoyo de diversas disciplinas. Diferentes enfoques fueron sistematizados a la luz de discusiones y estudios prácticos de sus respectivos defensores, conformando lo que hoy se comprende como Teoría Administrativa, teoría que facilita la permanencia de la administración como una disciplina que tiene como objeto de estudio las organizaciones, y la gestión en particular como campo teórico y de aplicación de conocimientos a los procesos de conducción de organizaciones hacia sus objetivos.

Las reflexiones desarrolladas condujeron inexorablemente a la formulación de teorías y los enfoques resultantes fueron agrupados por lo estudiosos del fenómeno organizacional en las denominadas escuelas del pensamiento administrativo, cada una con su conjunto de: *"supuestos, creencias, valores sobre los cuales una comunidad científica busca acuerdos y da solución a determinados problemas"*[11].

1.5.1. - Etapas y escuelas.

Se distinguen claramente tres etapas en esos estudios y en cada una se identifica con una escuela; éstas son:

1.5.1.1. - Escuela tradicional o clásica.

Tuvo su desarrollo durante el período comprendido entre 1900-1930, en el mundo occidental y en los contextos culturales de los Estados Unidos, Francia y Alemania. Frederick Taylor y Henry Fayol son sus representantes con mayor influencia; ella mediante la concepción de la organización formal y técnica buscó dar respuesta a problemas de productividad y eficiencia organizacional.

Taylor y sus seguidores intentaron por primera vez formular una teoría de la administración a partir de las tareas en las organizaciones. En su libro *Los principios de la Administración Científica*, Taylor[12] se refiere exclusivamente a la racionalización del trabajo de los obreros y se centra en la definición de principios aplicables a todas las situaciones de la empresa. Para él, la organización racional del trabajo se basa en el análisis del trabajo operacional, en el estudio de tiempos y movimientos, en la división de las tareas y en la especialización del trabajador; buscaba la eliminación del desperdicio, la ociosidad de los obreros y la reducción de los costos de la producción. Taylor concibió que la estandarización del trabajo simple y repetitivo de las líneas de producción y montaje aseguraba la eficiencia.

Fayol, por su parte, como lo muestra su obra *Administración Industrial y General*[13], se preocupó por definir la administración y las funciones básicas de la empresa (planear, organizar, dirigir, coordinar y controlar), buscando establecer los llamados principios generales de la administración como procedimientos aplicables a cualquier organización. Para Fayol, existe una proporcionalidad de la función administrativa, que se reparte en todos los niveles de la empresa.

Su énfasis en la estructura lo llevó a entender la organización formal como una disposición de órganos o partes por lo que para estudiarla propuso caracterizarlas según su grado de división del trabajo y la especialización de sus órganos, estableciendo que para su funcionamiento debe establecerse un nivel de coordinación. Fayol entendía que la división del trabajo puede ser vertical según los niveles de autoridad, u horizontal dependiendo de la departamentalización adoptada. Para explicar mejor la administración propuso los elementos del denominado proceso administrativo, la existencia de la línea de autoridad y de los órganos de staff para la prestación de servicios y de consultoría.

En la postura de Taylor y Fayol se ubica Elton Mayo con sus aportes a partir de su experimento para identificar la relación entre la intensidad de iluminación y la eficiencia de los obreros en la producción en una fábrica de la *Western Electric Company*, barrio

Hawthorne de Chicago: E*xperiencia de Hawthorne, 1927-1932*[14]. Este experimento se extendió a la fatiga, los accidentes de trabajo, la rotación de personal y las condiciones físicas del trabajo sobre la productividad de los empleados; verificó que los resultados fueron afectados por variables psicológicas por lo que puede afirmarse que los experimentos de Mayo marcaron el surgimiento de una concepción basada en valores humanos, que se desligó totalmente de la preocupación anterior escuela.

A partir de *Hawthorne* el grupo social quedó definitivamente incorporado a la historia de la administración como una realidad ineludible. Esta escuela cumplió el papel de precursora de la historia de la administración, proporcionó a la gran empresa una tecnología apropiada a ella; sus planteamientos reinaron durante la mayor parte del siglo pasado.

1.5.1.2. - Escuela de las Relaciones Humanas y del Comportamiento.

Esta concepción surge entre los años de 1930-1960 e intentó comprender el lado humano de las organizaciones estudiando la organización informal; buscó conciliar la función económica de la organización, producir bienes y servicios para garantizar el equilibrio externo, con la función social, brindar satisfacciones a los participantes para garantizar el equilibrio interno, tratando de comprender los conflictos propios de los objetivos de la organización con los individuales de sus actores bajo el supuesto de que tanto el comportamiento organizacional como el individual están influidos y responden al entorno e influyen en la productividad y eficiencia organizacional. Entre sus representantes destacan: Abraham Maslow, Frederick Herzberg, Douglas McGregor, Kurt Lewin, Warren Bennis, Edgar Schein, y H. Simon.

Esta escuela se nutre de la psicología y de la sociología y bajo el supuesto de que el hombre es un ser social y que su respuesta en términos organizacionales está más en función del grupo que como ser individual (*hommo social*); acepta que las personas deben satisfacer necesidades como las gregarias que las llevan a vivir en grupo o en organizaciones sociales y que son dotadas de un sistema psíquico o capacidad para organizar sus percepciones en un todo integrado; que tienen aptitud para el aprendizaje, comportamiento orientado al logro de objetivos complejos y variables, y capacidad de integrar el lenguaje al razonamiento abstracto, por lo que es natural que el conflicto haga parte de los procesos humanos. Los aportes individuales fueron determinantes.

Maslow argumenta en *Motivation and Personality*[15], la existencia de una escala ascendente de necesidades que se inician por las fisiológicas como el afecto, cobijo y alimentación, que es necesario comprender para motivar a las personas; para mejor comprensión de su teoría estableció una jerarquía de las necesidades humanas con apoyo de una imagen útil para visualizar cuáles superar en primer lugar para enfrentar otras y, mediante superaciones sucesivas, llegar al nivel de la autorrealización, estadio en el que la persona es capaz de determinar cual rumbo conceder a su vida y actuar en consecuencia gracias a los conocimientos, habilidades y herramientas intelectuales y manuales adquiridas previamente.

La pirámide posee cinco niveles, los primeros cuatro agrupan las necesidades primordiales o de déficit, y el quinto la "autorrealización" o "necesidad de ser". Según Maslow, la contradicción entre las fuerzas de crecimiento y las regresivas origina movimientos ascendentes o descendentes en la jerarquía.

GRÁFICO N° 08. PIRÁMIDE DE MASLOW.

Por su parte, Frederick Herzberg en su obra *The motivation to work*[16], establece dos categorías que motivan el trabajo: Los factores de higiene que atienden las necesidades animales y los factores motivacionales que satisfacen las humanas; para él la verdadera motivación se deriva de los logros, del desarrollo personal, de la satisfacción en el trabajo y del reconocimiento.

Mc Gregor en su libro *El lado humano de la empresa*[17], describe el comportamiento de los trabajadores bajo dos formas: la Teoría X y la Teoría Y. En la primera asume que los trabajadores son vagos por naturaleza y consideran al trabajo un mal necesario para ganar dinero por lo que necesitan que los supervisen y motiven, en la Teoría Y asume que quieren y necesitan trabajar. Ante esta incompatibilidad intentó desarrollar la Teoría Z sin lograrlo debido a su muerte; su relevo fue asumido por William Ouchique se valió del concepto de la Teoría Z y analiza los métodos laborales japoneses en su libro del mismo nombre[18].

Edgar Schein aporta a la variable cultura organizacional en su libro *Organizational culture and leadership*[19], la describe como serie de supuestos básicos, inventados, descubiertos o desarrollados por un grupo organizacional determinado a medida que resuelve problemas; por su parte H. Simon, en su obra sobre el comportamiento administrativo, insiste en la necesidad de un vocabulario para la administración, afirma: *"Antes de establecer "principios" inmutables de administración, debemos ser capaces de describir exactamente, con palabras, el aspecto que presenta una organización administrativa y su forma de trabajar*"[20].

Como un intento de síntesis entre ambas escuelas surge en los 50s un enfoque estructuralista hermanado con la sociología de la organización, que buscó comprender las relaciones entre el entorno o ambiente externo organizacional y la sociedad organizacional, y utiliza preceptos de ambas escuela como los de la organización formal y la informal, las recompensas y sanciones, intentando tipificar las organizaciones según sus actividades.

1.5.1.3. - Escuela Neoclásica u Holística.

Se desarrolla a partir de 1960 en el contexto estadounidense, y al igual que la Escuela del Comportamiento se nutre de anteriores propuestas; enfatiza en: 1. - La práctica administrativa al afirmar que la teoría solo se valida si es observable en la práctica; 2. - en los principios generales de la administración vistos de manera flexible; y 3. - en los objetivos y resultados al afirmar que toda organización existe para alcanzarlos y no como un fin en sí misma.

Peter Drucker, austriaco, es su principal exponente. Reconocido como el padre del *management* como disciplina, autor de una treintena de libros dedicados a la innovación, al emprendimiento, la gestión de las organizaciones, sistemas de información, sociedad del conocimiento, sociedad poscapitalista, y organizaciones sin ánimo de lucro, combinando sus reflexiones con consultorías empresariales, destacando la desarrollada en la *General Motors*, difundió aportes sobre la estructura multidivisional, gracias a su libro *The Practice of Management* publicado en 1954 con referencias a empresa como la Sears Roebuck & Co., Ford, IBM, y otras.

Drucker fue pionero del concepto de la Dirección por Objetivos; afirma que toda organización posee cinco aspectos importantes: 1. - Son órganos sociales que pretenden la realización de tareas sociales; 2. - Tienen una dimensión administrativa común; 3. - Son diferentes en sus objetivos y propósitos pero semejantes en lo administrativo; 4. - Son ficciones legales pues por sí mismas nada hacen, son sus participantes quienes hacen, deciden y planean; y 5. - Deben ser vistas desde la perspectiva de la eficiencia y de la eficacia.

1.5.1.4. - Dos variantes: La Teoría General de Sistemas y el Enfoque Situacional.

La Teoría de Sistemas desarrollada por Von Bertalanffy se extendió a todas las ciencias, incluyendo la Administración. Desde su óptica, las organizaciones tienen límites relativamente definidos, formulan objetivos y desarrollan la morfogénesis o capacidad de modificar sus estructuras; esta teoría aplicada a las organizaciones permite observarlas como sistemas abiertos con un comportamiento probabilístico y no determinista, con capacidad para disminuir la entropía y equilibrarse gracias a la homeostasis, como proceso referido al equilibrio dinámico con respecto a entradas y salidas de materiales, energía e información, y a las relaciones con el entorno.

El enfoque situacional es más reciente, sus orígenes se remontan a las investigaciones de Chandler, Burns y Stalker, Woodward, y Lawrence y Lorsch; este enfoque afirma que un alto porcentaje de lo que ocurre en las organizaciones es consecuencia de lo que sucede fuera de ellas por lo que colocan énfasis en el entorno y las interdependencia creadas lo que las obliga a adaptarse a los entornos para mantenerse.

1.5.2. - La Administración: ¿Arte, técnica o ciencia?

Los estudios de estas Escuelas apuntaron a formular una teoría que explicase el fenómeno organizacional, teoría que se calificó como Teoría Administrativa y se resume con el término Administración. Una distinción importante a dilucidar acerca de la Administración es si ella puede ser calificada como arte, técnica o ciencia, distinción fundamental para ubicar el quehacer de un Tecnólogo en Gestión de Empresas Solidarias.

El arte, según Whitehead " *... es una adaptación intencionada de la apariencia de la realidad"*[21], adaptar, *per se*, es el acomodo de algo en función de lo que se desea de ese algo, con un deseo impregnado de la intuición del artista para conceder lo que él considera belleza a la obra que finalmente ejecute. La actividad artística no transforma la realidad, es la interpretación de la realidad a través de la subjetividad del artista quien le agrega su originalidad, el resultado será la obra de arte y su aceptación y universalidad estará dada por la medida en que el artista transmita mediante su obra, percepciones universalmente válidas a quien la observe.

La técnica por su parte pertenece a una dimensión diferente de la artística. Según Kliksberg, su objetivo *"es la transformación de la realidad, mediante una relación de carácter normativo con los fenómenos que la componen"*[22], citando a José Babini agrega: *"La técnica tiene por objeto mejorar o perfeccionar la realización o la producción de un fenómeno, de un proceso, o de una estructura dados".*

Para establecer reglas de acción aplicables a la realidad, el humano debe apelar a diversas fuentes como la experiencia, la intuición y el conocimiento científico, las dos primeras proporcionan soportes a formas de acción pero no son generalizables y están limitadas en sus alcances y eficiencia; el conocimiento científico, por el contrario, es la fuente que puede establecer normas generalizables y permanentes.

La relación es clara, afirma Kliksberg, la ciencia explica determinada realidad mientras la técnica se propone transformarla, *"pero solo podrá operar sobre ella de modo eficiente si parte de la comprensión de su naturaleza, su dinámica de funcionamiento e interrelaciones"* por lo que puede afirmarse que el conocimiento técnico se estructura a partir del conocimiento científico.

La ciencia, sinónimo en latín de conocimiento, es el conjunto estructurado y articulado de conocimientos aplicables a una realidad con la intención de explicarla. El conocimiento científico se forma por la sinergia de observaciones, mediciones, experimentos y reflexiones acerca de lo observado, método científico, que permiten construir hipótesis explicativas de determinados comportamientos, de las cuales deducir principios y leyes dependiendo del fenómeno observado.

El científico presupone que la realidad existe y es comprensible y explicable con categorías apropiadas en términos de retrodicción o estimación de situaciones pasadas, actualidad y predicción. Aplicada esta concepción al estudio de los humanos y los grupos por ellos constituidos se estaría en presencia de las llamadas ciencias sociales y la Administración ocuparía un espacio en éstas.

Los autores concentran el debate entre la Administración como técnica y como ciencia. Sobre ella como ciencia también existen divergencias, mientras Taylor afirma que es ciencia y no regla empírica, otros niegan su carácter científico. Sin desestimar la importancia de esta discusión, la Administración si utiliza métodos científicos para explicar un fenómeno real, el organizacional, parte de hipótesis y valora enunciados científicos pero sin universalizar aún sus conclusiones.

Esta ausencia de universalidad es mayor en la medida en que los estudios de la Administración se han focalizado en las concentraciones monopólicas o grandes empresas y en segundo plano, lejano, las públicas, y no se han estudiado con profundidad formas organizacionales como las de la Economía Social o su variante la Economía Solidaria (ESol), de practicar sus organizaciones solidaridad,

Esa discusión no niega que la Administración marcha hacia la conformación de una escuela científica propia, ni su importancia para explicar el funcionamiento de las organizaciones y facilitar lo técnico; tampoco la opción de conformar una escuela latinoamericana de administración a la altura de nuestra realidad, intentos se han hecho y esfuerzos serios se realizan, las experiencias de Economía Social deben ocupar justo lugar en el panorama resultante.

Para efectos operativos se asume la siguiente definición de Administración:

> *"Campo del conocimiento que tiene por objeto el estudio de las organizaciones en sus diversas expresiones, tanto en sus dimensiones internas como en las relaciones que ellas establecen con la sociedad".*

02. - VALORES DEL EMPRENDIMIENTO. DEL INDIVIDUALISMO A LA SOLIDARIDAD.

Hay problemas individuales que normalmente son resueltos directamente por el afectado, la Pirámide de Maslow sobre la jerarquía de las necesidades humanas **ya vista** es útil para visualizarlos y establecer prioridades; existen también los colectivos que obligan al concurso de personas, empresas y hasta gobiernos dependiendo de su magnitud, entre ellos pueden citarse la pobreza, el desempleo, la salud, inflación, inseguridad, y en general los incluidos en los ocho Objetivos de Desarrollo del Milenio (ODM) o los Diecisiete Objetivos de las Naciones Unidas adoptados en septiembre 2015 en la Agenda de Desarrollo Sostenible para 2030 por un Planeta Autosustentable.

2.1. - LAS NECESIDADES COMO MOTORES DEL EMPRENDIMIENTO.

Los problemas y cómo enfrentarlos constituyen el binomio motor del emprendimiento, binomio que es piedra angular de toda sociedad. Emprender es sinónimo de acción e implica disposición al cambio, quien desee cambios debe poseer espíritu emprendedor aunque ese espíritu no es suficiente debe decidir actuar; emprender es entonces sinónimo de decisión, de enfilar personas y recursos en aras de enfrentar problemas y amerita el diseño, la constitución y la puesta en marcha de organizaciones adaptadas al problema o situación a superar.

Una organización en su definición sencilla puede entenderse como un sistema de personas y recursos alineados en aras de un objetivo, un recurso poco considerado es el tiempo. Constituir una organización es una decisión política de sus fundadores conscientes de lo que desean con ella o concepto, hacia dónde ir u objetivos, y por cuál camino o direccionalidad; ella debe ser competente en lo interno para vencer apatías e inercias y competitiva en lo externo para ocupar espacios en la sociedad y nichos en los mercados si ese también fuese un propósito.

El proceso entre determinar el problema y superarlo no es lineal, implica una cadena de valores y actividades con adelantos y retrocesos que originan efectos múltiples que normalmente trascienden los límites de la cadena misma desbordándose a otros sectores sociales. La cadena del emprendimiento puede resumirse así:

> Observación del problema ↔ toma de conciencia de enfrentarlo ↔ formulación de una visión preliminar del cómo ↔ suma de otras personas y recursos ↔ determinación de las acciones a realizar por los involucrados ↔ diseño de la organización específica ↔ puesta en marcha ↔ monitoreo de acciones y determinación de impactos, mediciones y correcciones ↔ reinicio del proceso si problema continúa.

Comprender el funcionamiento de esta cadena parte de considerar que las personas actúan gracias a la sinergia de valores acumulados a lo largo de la vida y que de manera natural pretenden transmitirlos a otros y sus organizaciones, incluyendo las que constituyen.

2.1.1. - La Fuerza Fundante.

Emprender como proceso dinámico se riñe con la inercia, con el dejar hacer o pasar; se inicia con la decisión de enfrentar el problema o situación a superar detectada y dependerá en mucho de: 1. - el diagnóstico del problema o situación; 2. - los valores de quién o quiénes lo enfrentan; 3. - la claridad mental o conceptual de los objetivos pretendidos; 4. - la dirección que se imprimirá al proceso; 5. - del diseño apropiado y la puesta en marcha de la organización que lo enfrentará; y 6. - las personas y recursos necesarios.

Para efectos de este documento la sinergia de estos seis elementos recibirá el nombre de fuerza fundante que se expresa: 1. - Bajo un manto formal y visible que se asigna al conjunto de actividades a realizar u organización a constituir; y 2. - unos objetivos muy personales, normalmente no escritos, que se corresponden con lo que los emprendedores pretenden para ellos mismos, sus familias, el país, y las generaciones de relevo.

En términos de planificación estratégica lo expresado bajo el manto formal se denominan lineamientos estratégicos que como se observó son cuatro: Valores, Misión normalmente plasmada legalmente en el estatuto de la organización a constituir; la Visión o deseo de cómo debe ser la organización al cabo de cierto tiempo; y los objetivos estratégicos que a manera de rieles conducirán la organización desde la Misión a la Visión.

En el segundo aspecto pretendido, cobijado para efectos de este documento como "objetivos muy personales ...", estarían desde obtener ganancia o excedentes, dependiendo de si la organización perseguirá o no lucro, asunto que no se escribe en la Misión, pasando por el interés de favorecer la familia o una comunidad, un reconocimiento social o político, hasta el interés de constituir empleos, apoyar la lucha contra la pobreza, retribuir al país mediante acciones de Responsabilidad Social, u otros.

Desde siempre han existido fórmulas organizacionales mediante las cuales individuos, grupos y poblaciones enteras han buscado y logrado soluciones a problemas de variadas magnitudes y alcances; en ese panorama, las utopías, escritas o no, entendiendo por tales solo planteamientos factibles y referidos a sociedades[23], contribuyeron en su desarrollo.

En el documento final de la Agenda de Desarrollo Sostenible para 2030 por un Planeta Autosustentable mencionado, las cooperativas son reconocidas como actores importantes del sector privado para atacar directamente y sin intermediación los problemas respectivos, ¡pero ... no son las únicas!; ejemplos de enfrentamiento de problemas sin intermediarios se encuentran en infinitos sitios gracias a organizaciones constituidas con lógica asociacionista como las asociaciones propiamente, las cooperativas, mutuales, cajas de ahorro o fondos de empleados, empresas de trabajo familiar, y otras, de hecho y de derecho, que a lo largo de la historia han sido cobijadas dependiendo de ciertos rasgos con el calificativo de economías generándose una pléyade de "economías" que confunden y originan interesantes debates.

Paul Lambert, estudioso del cooperativismo, resaltó en su libro "*La Doctrina Cooperativa*", las asombrosas analogías entre ciertas instituciones de la Antigüedad y de la Edad Media, con las cooperativas de nuestro tiempo[24], él menciona algunas, se agregan otras: las *lecherías comunes* en Armenia; las *sociedades de arrendamiento de tierra en común* en Babilonia; las *confraternidades de sepultura y las de seguros* en Grecia y Roma; las confraternidades de drenajes, riegos y construcción de diques en Alemania; los *ágapes* de los primeros cristianos; las organizaciones agrarias y de trabajo entre los pueblos eslavos.

Continúa: El *mir* entre los rusos; los *artels* de pescadores y cazadores de la antigua Rusia; la *zadruga* de los serbios; las *queserías* de los armenios y de los campesinos europeos de Los Alpes, las conocidas *Fruitières du Jura* en Francia consideradas verdaderas cooperativas de colecta y transformación de derivados de leche; los equipos de *compagnons de construcción* que recorrían Europa en la época de las catedrales, y otras como las *sunedrias* y *hetedrias* griegas y las asociaciones de ahorro y *Guildas* medievales, que en su momento fueron semillas de mutualismo.

También las hubo en América como el *calpulli* de los aztecas, de aprovechamiento colectivo de la tierra para usufructo individual y comunal; los *consejos de ancianos* de los nahuas que dirigía la organización de la comunidad con el pariente mayor como "jefe"; y los *positos*, suerte de almacenes comunales en los que los indígenas del México precolombino depositaban sus cosechas en prevención de malas temporadas. A ellas se agregan los *ayllus* de la cultura inca; las *cajas de comunidad* de la colonización española; las *colonias* de los inmigrantes de Norteamérica con alto carácter religioso; las *cofradías religiosas* en casi todo el continente; y expresiones de trabajo asociado como la *minka* en Bolivia, Colombia, Ecuador y Perú; el *tequio* en México; las *juntas de los borucas* en Costa Rica; el *aynien* de ayuda mutua y recíproca en los países andinos; los *ejidos colectivos* de México y el *convite* y la *manovuelta* en Venezuela.

En la actualidad son infinitas las expresiones espontáneas o permanentes que individual o colectivamente son utilizadas para enfrentar problemas; se encuentran en todos los espacios humanos y son consecuencia lógica de nuevas necesidades urbanas y rurales que con creatividad e innovación generan nuevos sistemas económicos y modelos organizacionales con base en novedosas formas de gobernanza, redes de comunicación, y sistemas de intercambios.

Entre las "economías" utilizadas para cobijar esas organizaciones se encuentran algunas que se solapa entre sí como Tercer Sector, Tercer Sistema, y Organizaciones Sin Fines de Lucro

(OSFL)[25]; otras con el calificativo de quienes las realizan: Economía Popular, Economía Indígena, Economía Familiar, Economía Comunitaria, Economía del Trabajo; las referidas a los espacios donde se realizan: Economía Urbana, Economía Marginal, Economía Vecinal, Economía Comunal; las de lo perseguido con ellas: Economía Alternativa; por satisfacer las necesidades de quienes las constituyen: Economía Social; y finalmente las calificadas en función del valor que supuestamente desarrollan: Economía Participativa, Economía Colaborativa, Economía Asociativa, Economía Autogestionaria, Economía de Autoayuda, Economía Democrática y Economía Solidaria, justo las que interesan para las reflexiones de este documento pues más de una de ellas no practica el valor que las cobija.

Quien esto escribe, reflexionando sobre el emprendimiento se encontró con la serendipia de una sucesión de valores así:

1. - Individualismo, valor egoístamente considerado por algunos sectores al capitalismo pero que en sí mismo es el valor inicial de cualquier emprendimiento incluyendo los conducentes a la solidaridad.

2. - Colaboración, valor central de la Economía Colaborativa que implica el reconocimiento de los otros como necesarios para avanzar en el proceso emprendedor, no garantiza permanencia en el tiempo

3. - Ayuda Mutua, valor que se nutre también del reconocimiento de los otros pero mediante organizaciones de mayor permanencia que, resolviendo la encrucijada ¿lucro o no lucro?, pudiesen llevar por una vía a organizaciones capitalistas y por la otra a las Organizaciones de Economía Social (OES).

4. - Asociacionismo, Mutualismo y Cooperativismo como valores integrantes de las tres formas básicas de Organizaciones de la Economía Social (OES).

5. - Solidaridad como valor fundamental de toda OES que pretenda ser calificada como de Economía Solidaria.

Este trabajo pretende conceder bases a las definiciones de Economía Colaborativa, Economía Social y Economía Solidaria a partir de esa sucesión de valores que, a manera de *continuum,* se generan en el proceso de emprendimiento, entendiendo éste, de manera amplia, como el iniciado con la decisión de una persona o grupo de enfrentar un problema o superar una situación.

Ese *continuum* se observará como estadios o escalones que llevan desde el valor más sencillo del emprendimiento: el individualismo, al de mayor trascendencia: la solidaridad. No es un proceso lineal pero, como recurso pedagógico, distinguir unos valores de otros en el justo momento de su aparición y entender la existencia de una suerte de jerarquía entre ellos, contribuye a conceptualizar las actividades económicas que supuestamente lo practican; ver gráfico siguiente.

GRÁFICO N°09. - ESCALA DE VALORES DEL INDIVIDUALISMO A LA SOLIDARIDAD.

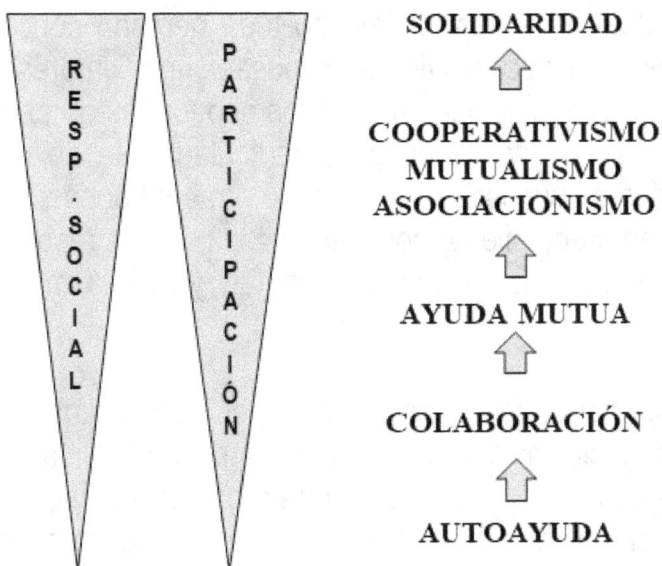

En este gráfico el nivel del asociacionismo, las mutuales y el cooperativismo puede ser reemplazado por Economía Social que es el concepto socio – económico que contiene esas modalidades organizacionales. Nótese que hay dos pirámides invertidas, Responsabilidad Social y Participación, con ello se indica que a mayor nivel alcanzado hacia la Solidaridad, mayores son ambos procesos.

2.2. - EMPRENDIMIENTO E INNOVACIÓN.

El emprendimiento ha tomado fuerza en la medida en que el desempleo y las pésimas condiciones de trabajo obligan a buscar mecanismos de autoempleo; también cuando ciertos profesionales necesitan espacios de desarrollo con flexibilidad laboral y ante problemas socio-económicos que se agudizan y obligan a los afectados a organizarse adoptando organizaciones diversas que van desde microempresas y empresas de capital privado o público hasta empresas de Economía Social como asociaciones, mutuales, y cooperativas.

Numerosos institutos formativos, organismos financieros, y gobiernos, han comprendido la importancia del emprendimiento e impulsado programas de apoyo a emprendedores; de estos, los más exitosos son los que han logrado armonizar procesos formativos sobre gestión, formulado apropiados planes de negocios, y aplicado adecuados financiamientos.

Constituir una empresa no es fácil. Si quien la emprende deja un empleo fijo estaría optando por los riesgos de inestabilidad y el posible fracaso; si no se posee experiencia la curva de aprendizaje puede resultar costosa y la organización quedar a medio camino; si no se tienen claros los preceptos sobre el proceso administrativo y las funciones administrativas o se olvida la importancia de "detalles" como la relación costos – precios, el fracaso estará a la vuelta de la esquina. Aún así, emprender es una opción para numerosas personas.

El emprendimiento individual tiene sus límites, no toda persona con espíritu emprendedor logra formación y apoyos; al deseo individual de poseer una "empresa propia" se suma la escasez de recursos y ambas condiciones niegan las economías de escala y las ventajas de equipos de trabajo propias del asociacionismo, particularmente de las cooperativas. Una salida idónea a esos límites es buscar el concurso de otras personas; cuando esto ocurre se estaría en puertas de un emprendimiento colectivo y dos factores resaltarían como decisivos: 1. - El carácter del problema o necesidad a enfrentar; y 2. - la matriz de valores de los involucrados.

Las innovaciones por su parte son agregados especiales a una realidad, capaces de transformarla e impulsarla hacia relativos éxitos y sustentabilidad en el tiempo. Una innovación puede ser "algo nuevo" y válido para una organización y obsoleta para otras[26] que puede agregar ventajas competitivas ante una competencia ingeniosa y compleja.

Las reflexiones acerca de la innovación no son nuevas. Joseph Schumpeter (1911), las abordó en sus estudios sobre el crecimiento del sistema capitalista y la introducción de novedades cualitativas en su libro *"Theory of Economic Development"*, él desarrolló teorías sobre la importancia vital del *"espíritu emprendedor"*, subrayando el papel de la innovación como determinante de la prosperidad, también habló de la destrucción creativa como proceso que las acompaña; para Schumpeter, innovaciones e invenciones son claves del crecimiento económico.

Para obtener éxitos varios aspectos pueden ser importantes, pero es una combinación apropiada de ellos, desarrollada como una integridad, la que puede convertirse en innovación y conducir a éxitos al final del proceso, para ello debe conocerse la identidad de la organización y determinar cuáles elementos pudieran convertirse en innovación. A los emprendedores corresponde impulsar cambios transformando innovaciones en productos y asuntos prácticos lo que implica riesgos, en palabras de Eudald Doménech: *"La innovación por la innovación no sirve para nada. Innovar es crear productos que hagan la vida más fácil"*.

Bill Aulet, director del Centro de Emprendimiento del Instituto Tecnológico de Massachusetts (MIT), formuló con el apoyo de su equipo un procedimiento con lógica del conocido juego de monopolio que de manera progresiva te ayuda a definir los pasos claves para un emprendimiento asertivo a través de 24 pasos centrando la atención del emprendedor en áreas de alta sinergia para su proyecto, plasmado en su libro *La disciplina del emprendedor*.

2.3. - LA ÉTICA COMO SINERGIA DE VALORES Y PRINCIPIOS.

Los valores son pautas de conducta adquiridas a lo largo de la vida de las personas, grupos humanos, organizaciones y sociedades por influencias variadas: familiares, escolares, religiosas, políticas u otras, que permiten discernir entre cuales límites actuar ante determinados sucesos, son como rieles de un tren que conceden límites a quienes los poseen, los principios por su parte pueden entenderse como síntesis de los valores, como locomotoras que facilitan la comprensión y aplicación de los valores. Los valores de unos pueden ser rechazados por otros, por ejemplo, mientras países del norte de África discuten qué es la democracia y cómo aplicarla, posiblemente limitándola solo a quienes tienen bienes de fortuna o solo a hombres, en la amplia mayoría de los países iberoamericanos y en los movimientos cooperativista y mutualistas, el principio de "un ciudadano un voto" permite aplicar de manera precisa ese valor.

La *Ética* proviene como palabra del latín *ethĭcus*, y éste a su vez de "êthicos" del griego antiguo. Se asimila a la idea de "êthos" como "carácter" no como "costumbre", y gracias a ella una persona discierne a propósito de cómo actuar ante una determinada situación colocándose rieles, trazando y despejando su ruta de acción. La ética sería la sinergia de los valores y principios de una persona o una organización; tiene su aposento en la mente de cada persona impulsándola a poner carácter en lo que libremente y por convicción cree que debe hacer; ella hace que los valores se expresen oportunamente.

La ética forma parte de lo intrínseco, de lo estructural; la consecuencia lógica de poseer determinada ética es aplicarlos en lo cotidiano y desear que otros la compartan, es por ello que los fundadores de una organización la transmiten y tienden a relacionarse con organizaciones que la compartan; lógicamente, con el tiempo cambian las personas, cambian los valores y por lo tanto la ética.

2.4. - COLABORACIÓN, AYUDA MUTUA Y LUCRO.

Ante un problema, un afectado puede tomar conciencia de la necesidad de enfrentarlo y actuar en consecuencia, su primera reflexión es individual y el valor que surge es el de la Autoayuda o prestarse apoyo a sí mismo para superarla. Como situaciones de absoluta soledad como la de Robinson Crusoe son casi inexistentes[27], puede afirmarse que toda actividad humana, exitosa o no, contiene este valor pero serán en las condiciones intrínsecas, propias, del proyecto emprendido donde se encontrarán las razones de sus éxitos.

2.4.1. - La Colaboración.

Si observa que el problema afecta o amerita el concurso de otras personas la salida sencilla sería convocar sus apoyos surgiendo así el valor de la colaboración. En toda actividad humana es natural conseguir apoyos, estos configuran el valor de la Colaboración que en sí mismos no implican mayores compromisos sino en cuanto al tipo de actividad y al tiempo dedicado;

Colaborar es un valor propio de la naturaleza humana, es importante en todo proceso emprendedor entre otras razones por no comprometer los esfuerzos y recursos del receptor más allá de los términos del apoyo logrado; él ha originado novedosos preceptos como el aprendizaje colaborativo y la Economía Colaborativa o de la Colaboración con la que algunos teóricos pretenden sustituir el de Economía Social.

La colaboración abarca actividades variadas, su peso dependerá de las magnitudes de las necesidades enfrentadas que pudieran ir desde las vitales básicas, de sobrevivencia si se quiere, hasta otras de mayor trascendencia y permanencia. Ejemplos existen: empresas, huertas y acciones familiares, vecinales y comunitarias; actividades de seguridad; el *wi-fi libre* impulsado en Berlín; clubes de compras; ferias comunitarias; redes de trueque y monedas locales; viajes, alojamientos y comidas compartidas al estilo de la "olla común" de la época de Pinochet en Chile y del momento actual en Venezuela; programas vecinales de arreglos de calzadas y desagües, y otras con apoyos empresariales vía Responsabilidad Social, por ejemplo.

Las colaboraciones poseen una composición más rica en lo humano que en lo económico por lo que son frágiles y dependerán de la voluntad de quien colabora o de quienes detentan el poder en la organización receptora; actuar individualmente tiene sus límites: los de alcance y capacidad de convocatoria para sumas apoyos, capital y otros recursos, los cognoscitivos, la capacidad de formación de generaciones de relevo, y otras.

Si se desea asegurar permanencia del proyecto emprendido es necesario que los esfuerzos y recursos comprometidos no sean prestados o aportados a manera de colaboración sino en aras de una organización de hecho o de derecho que cobije y organice a todos los afectados. Un proyecto sin fortalezas intrínsecas sobre las cuales erigirse estará condenado al fracaso.

2.4.2. - Ayuda Mutua.

Vista la fragilidad de la colaboración, quien emprende debe superarla y buscar apoyos de mayor permanencia pasando así a un estadio superior que es el de la Ayuda Mutua, valor no definible como *"Acto mediante el cual una persona realiza acciones en beneficio de otra"* ya que no se trata de limosnas o actos de caridad. Este valor obliga a un mínimo de reciprocidad, elemento clave que bien desarrollado estaría en la base de la solidaridad, e implica retribuciones sostenidas en el tiempo mediante compromisos recíprocos como acuerdos, Intercooperación y alianzas

El emprendimiento comienza así a concretarse en una organización o empresa entendida como conjunto de recursos y esfuerzos humanos alineados en función de un objetivo.

2.4.3. - Lucro o no lucro, entre la Economía de Capital y el Asociacionismo.

El valor de la Ayuda Mutua implica el reconocimiento de los otros pero... el objetivo perseguido obliga al emprendedor a formularse una pregunta clave: ¿Lucro o no lucro?, del camino que tome en esta encrucijada surgirán detalles definitorios sobre la organización y personalidad jurídica de la potencial organización.

Si la intención es lucro se estaría ante la opción de constituir una empresa de capital con forma jurídica de compañía anónima por ejemplo, en la que quienes se asocian adquirirán condición de socios y el reconocimiento mutuo será en proporción al capital aportado; de no ser lucro, el interés se centrará en las personas y se estaría en presencia del Asociacionismo, piedra angular para constituir una asociación propiamente, sin fines de lucro o de Entidad Sin Ánimo de Lucro (ESAL) como se denominan en Colombia, entendiendo por tales las corporaciones y asociaciones constituidas por grupos de personas naturales o jurídicas que persiguen fines generalmente gremiales, sociales, culturales, cívicos, y recreativos, sin generar actividades lucrativas a su favor o asociados.

Todas las variantes conceptuales entienden por lucrativo "lo que produce utilidad y ganancia", y por "lucrar" sacar provecho de un negocio u obtener utilidades. Según una Declaración del Consejo Intercooperativo Argentino[28]

> "las cooperativas no son empresas lucrativas; sus excedentes, en caso de existir, retornan anualmente a quienes los hayan generado al haber abonado por el servicio un precio superior al costo del mismo. El retorno cooperativo constituye un ajuste de precio que se distribuye en proporción al uso de los ser vicios sociales; la actividad de las entidades lucrativas, en cambio, configura una remuneración al capital y es éste la base de su reparto"

Analícese esta afirmación del *Dr. Juan Carlos Basañes autor del libro "Teoría y Realidad de la Economía Cooperativa"* citado por Esteller[29]:

> "El lucro, como objeto y medida de eficiencia empresarial, tiene solo vigencia para la empresa capitalista". Por el contrario, en las cooperativas, el elemento caracterizador está dado por la prestación de servicios. No existe posibilidad de creación, acumulación ni distribución de dividendos o ganancias. Así lo ha entendido la doctrina y la jurisprudencia".

Por naturaleza: 1. - Las cooperativas asocian personas, no capital; y 2. - La suscripción de capital o aportes a una cooperativa no tiene carácter especulativo pues está destinado a enfrentar problemas comunes, producir o acceder a un servicio, por ejemplo; por ambas razones, la cooperativa concede preferencia a remunerar la actividad antes que el capital, y siendo ella de propiedad colectiva, debe conceder preferencia a la inversión colectiva antes que a la individual. En otras palabras, ni ella ni sus asociados, pueden lucrarse a costas de sí mismos.

Al respecto esta afirmación de Elgue:

> *"Si bien las cooperativas realizan una actividad económica, ella está dentro de un campo de la economía distinta a la economía de lucro [...] Entonces, la "economía del lucro" expresa la organización de la actividad económica subordinada al fin declarado de obtener ganancias o utilidades en el intercambio, independientemente del uso final de los bienes o servicios que son objeto de las transacciones. En cambio, el concepto de actividad económica se refiere a la proyección del hombre sobre la naturaleza para posibilitar su subsistencia y al intercambio o distribución de bienes y atención de servicios para satisfacer necesidades humanas sin subordinación a otras motivaciones.*
>
> *En el campo de la actividad económica en función social no se compra para revender con ganancia o producir utilidades a los inversores sino que la operación consiste en la prestación de servicios sociales. No se opera con valores de cambio sino de uso. En el área cooperativa, los excedentes de previsión se restituyen a los usuarios, las reservas son irrepartibles y, en caso de disolución de la entidad, el remanente patrimonial corresponde al Estado. El hecho que una cooperativa crezca, que se transforme en una empresa con mayúsculas, tampoco es motivo para asimilarla a los grandes grupos lucrativos*[30]*:*

Es clave comprender la sutil diferencia entre organizaciones "sin ánimo de lucro" y "no lucrativas":

> *"... sólo las obras caritativas que obtienen dinero con la intención de ofrecer servicios sin buscar ningún beneficio pueden ser adecuadamente designadas como empresas "no lucrativas". Esta distinción entre empresas cooperativas y empresas no lucrativas es importante para garantizar una política oficial adecuada. Toda confusión que surja entre las empresas de autoayuda (entre ellas, las cooperativas) y las obras caritativas (que prestan servicios en relación de dependencia) no puede ser más que negativa para las cooperativas, y habría que evitarla a toda costa"*[31].

El lucro es propio de personas y de las organizaciones de capital que buscan retribuir sus inversiones y se riñe con el Acto Cooperativo tal como éste se riñe con el Acto de Comercio. Este aspecto no está claro en numerosos actores de las cooperativas que rechazan cobrar montos apropiados por sus actividades ante el temor a ser calificados de "capitalistas" cuando una unidad monetaria pudiere ser lucro y millones no serlo.

Determinar la condición lucrativa de la organización a constituir es clave, más para contrarrestar gobiernos que por mal uso de los recursos públicos pretenden llenar vacios presupuestarios cobrando impuestos a las cooperativas, mutuales y fundaciones como sucede en Venezuela; esos gobiernos se inspiran en la clausula *Stan By* del Fondo Monetario Internacional (FMI) que propuso *"la ampliación de la base de impuesto a las ganancias para incluir los ingresos por intereses y dividendos y las ganancias de cooperativas, mutuales y fundaciones"* con base en su clausula del Acuerdo Stand-By[32].

Elvira Castro, en su momento presidenta del Instituto Nacional de Asociativismo y Economía Social (INAES) de Argentina lo rechazó, calificándolo como un impuesto a la solidaridad; Néstor Raimunda en su documento *No al impuesto a la solidaridad,* menciona las opiniones de Castro:

"Los valores y principios, esgrimidos y defendidos desde siempre por las Entidades de la Economía Solidaria y sabiamente recogidos en la legislación nacional vigente-señala-"permiten sostener, entre otros extremos, que el objetivo de toda cooperativa es prestar servicios a sus asociados al costo, por lo cual los resultados positivos que pudieren existir son retornados a los asociados que los han generado con su operatoria". Es decir, que ni las cooperativas ni las mutuales [...] obtienen ni persiguen ganancias, por lo cual no existe en ellas hecho imponible que pudiera dar sustento a un tributo de esa naturaleza.

[...] Ni las cooperativas ni las mutuales pueden transformarse en sociedades comerciales, constituyendo entonces, un modo alternativo y válido de organización económica, de antigua data y presencia universal, en el cual el capital no se apropia de los resultados, porque se transforma en un instrumento de naturaleza social. Exactamente, el capital, que es sólo un instrumento, no retribuye al capital sino al trabajo, a la producción y a los servicios".

Al referirse a la Resolución de la OIT, agrega:

"El tratamiento histórico dado al Sector Solidario, no constituye ventaja o prebenda alguna, sino el reconocimiento de que, por su naturaleza, las entidades del sector no deben ser gravadas respecto de los recursos que, aunque expresados contablemente como resultados positivos, no constituyen ganancias. En efecto, los excedentes cooperativos y mutuales, no están relacionados con el aporte económico del asociado sino con el uso del servicio en sí; constituyen un exceso de previsión o un defecto de pago, que se verifica en el momento de cobrar a los asociados bienes o servicios que se les proveen o proveerán.

[...] el resultado de eventuales operaciones con no asociados tampoco merece el tratamiento de ganancia, porque su destino es un fondo especial de reserva no repartible o que es usado para futuras prestaciones. Es de la esencia de la cooperación el concepto de precio al costo o precio justo, es decir, integrado sólo por los gastos operativos y desprovisto de todo propósito de ganancia; legítimo este en las empresas comerciales, pero impropio en las cooperativas y mutuales, lo que constituye uno de los principios y elementos centrales del sistema de la Economía Solidaria".

2.4.3.1. - ¿Quién se lucra?.

Si en una asociación solo existen ella como persona jurídica y sus asociados, para que exista lucro una de las dos partes debe beneficiarse de la otra o de terceras personas; una pregunta es clave: ¿En una cooperativa se lucra ella o los asociados?.

¿Se lucra la asociación?. Cuando una asociación se constituye lo hace por decisión voluntaria y conjunta de una asociación de personas que tienen una necesidad común por lo que el capital que aportan, y las actividades que emprendan estarán supeditada a esa necesidad, no a generar ganancia a cuenta de ella o sus asociados.

¿Se lucran los asociados?. Si los asociados aportasen esfuerzos o recursos superiores a los necesitados por la asociación, ese adicional lo recuperarían cuando la asociación cierre su ejercicio económico y reparta los excedentes entre ellos mismos que al fin y al cabo son quienes la controlan y deciden sobre sus excedentes sin incurrir en pérdidas.

Responder esta pregunta implica un rotundo no. La obtención de ganancias o lucro no es finalidad de ella ni de sus asociados, la asociación se constituye para enfrentar un problema común por lo que sus asociados deben adelantar recursos y recuperar al final lo sobrante o excedentes; esta afirmación corrobora la condición de organización de utilidad pública e interés social que las asociaciones poseen.

Una manera grafica de determinar si se está ante el lucro lo proporciona el uso del Estado de Origen y Aplicación de Fondos utilizado en contabilidad. Dos preguntas son claves: 1. - ¿Quién produjo la actividad que generó el excedente?, y 2. - ¿Quién se apropia de ese excedente?. Si ambas respuestas coinciden en la misma persona, así se trate de millones de unidades monetarias, lo percibido es excedente; por el contrario, si quien lo percibe no es quien lo generó, ese monto, así se trate de un céntimo, es lucro. En otras palabras, en cuanto al lucro, las asociaciones pueden aplicar la siguiente máxima "a cada asociado le corresponde excedentes en la misma proporción en que sus *genuinos actos cooperativos* contribuyeron a formarlos".

Tres casos ilustran el lucro por apropiación indebida de los asociados o la asociación misma de excedentes generados por "terceros": 1. - Apropiarse de excedentes generados por ingresos de terceros por venta de bienes o servicios; 2. - Apropiarse de excedentes generados por apropiación del valor producido por trabajadores no asociados o contratados (plusvalía); y 3. - Apropiación por los asociados, de excedentes generados por alquileres de locales y otros activos propiedad de la asociación.

En definitiva, se lucra quien se apropia del valor producido por otro, sea la asociación misma o los asociados. En el primer caso, la salida apropiada para no producir lucro sería depositar esos excedentes en una cuenta especial que los revierta a quienes los produjeron o aplicarlos a la comunidad mediante actividades educativas u otras de responsabilidad social; en el segundo se estaría en presencia de un acto de explotación humana, apropiarse de un valor producido por trabajadores o plusvalía, la salida justa seria cancelar salarios a esos trabajadores en igualdad de condiciones a los anticipos de los asociados con una alícuota de excedentes similar al final del ejercicio, de no ser posible, actuar como en el casos anterior; y en el tercer caso los asociados deben devolver a la asociación lo percibido de ella por esos conceptos, so pena de ser acusados por sustracción indebida.

Ante estas opciones, las instancias de supervisión y control de la asociación deberían tomar medidas y evitarlas y, de suceder, los organismos de carácter impositivo cobrar los debidos impuestos y los de vigilancia como las superintendencias, suspender la autorización de funcionamiento de esa pseudo-asociación. Desconsiderar estas reflexiones ha conducido a la existencia de numerosas asociaciones falsas, particularmente de maletín.

2.4.3.2. - Lucro no pero excedentes sí.

El "no lucro" es un atributo entonces de toda asociación que no contradice la necesaria creación de riquezas ni el deseo humano de mejores niveles de vida; ellas deberían producir apropiados excedentes para: 1. - Proporcionar mejores niveles de vida a sus asociados; 2. - Sentar bases económicas y materiales para fortalecer sus actividades y formar generaciones de relevo; 3. - Dotarse de herramientas que le permitan crecer en una economía de mercado que normalmente le es adversa; 4. - Generar volúmenes apropiados de transacciones para óptimos rendimientos gracias a economías de escala 5. - Enfrentar el desafío de la capitalización, sobretodo en época de inflación; 6. - Aumentar la rentabilidad de las actividades de sus miembros: remuneración apropiada, buen ambiente laboral, adecuados procesos formativos, y otros; 7. - Avalar operaciones crediticias de sus asociados; 8. - Tener recursos para responder ante terceros; 9. - Descontar de los certificados de aportación los montos que por negligencia o irresponsabilidad deba cobrar a algún asociado; y 10. - No terminar su gestión anual con pérdidas económicas: ¿Cómo sustentar lo social?.

2.4.3.3. - Los excedentes no son lucro. Casos ilustrativos.

Los excedentes son lógicas consecuencias de las actividades realizadas y contablemente se forma por la diferencia entre ingresos y gastos, en Puerto Rico lo denominan sobrante. Al final del ejercicio ellos deben ser repartidos con base en el valor de la equidad entre los asociados que los produjeron con base en las operaciones realizadas. Al respecto precisa Carlos Molina Camacho[33]:

> "Dependiendo del tipo de cooperativa pudieran o no pagar ISLR; los asociados de las cooperativas de obtención de bienes y servicios en ningún caso lo pagan puesto que lo que reciben como excedentes son los que distribuye la cooperativa gracias a las economías que ellos mismos han hecho al comprar (consumo) o recibir un servicio (educativo, medico u otro). No sucede igual con los asociados de las de producción en las que obtienen un beneficio económico personal, los anticipos societarios, que debe declararlos y cancelar el impuesto correspondiente de superar el límite inferior impositivo".

Es de afirmar también que el "capital" de las asociaciones no es utilizado para generar ganancias como en las empresas de capital privadas o públicas sino como herramienta para enfrentar los problemas para los que fue constituida, el lucro se riñe con la solidaridad y el Acto Asociativo o Cooperativo según se trate; por ello al finalizar el ejercicio económico una asociación no obtiene lucro sino excedentes, lo que no significa como dicen los cooperativistas venezolanos que actúen con fines de pérdidas.

Un ejemplo referido a consumo ilustra esta condición. Alguien con ingresos lícitos y ya declarados al sistema impositivo le pide a una persona que le compre determinada cantidad de alimento y le entrega dinero para ello, la persona compra, entrega lo comprado y regresa el vuelto o sobrante al demandante del favor. ¿Ese monto devuelto es ganancia?: No, el dinero percibido ya era lícitamente de él y lo utilizó para resolver un problema de consumo. Sucede de manera similar con los asociados de una cooperativa de alimentos que constituyeron un capital para comprar en mayores dimensiones y al final del ejercicio recuperan lo que dieron demás o excedente. La cooperativa no debe pagar impuestos por un monto que no es de ella y los asociados tampoco pues lícitamente solo reciben el sobrante de lo aportado.

Otro ejemplo. Un grupo de desempleados constituye una cooperativa en la que asocian su trabajo y sus recursos (Cooperativa de Trabajo-Asociado, CTA) y así, por economía de escala, comprar equipos e insumos a mejor precio y alquilar entre todos una oficina que cada uno no puede alquilar solo. Constituyen un monto común para operar y al final del año sobró una porción o excedente que deciden repartírselo proporcionalmente entre ellos con base en lo aportado: ¿El asociado debe pagar un impuesto por un dinero que ya era lícitamente de él y que utilizó para resolver un problema de desempleo gracias a la cooperativa?.

2.5. - ASOCIACIONISMO, MUTUALISMO Y COOPERATIVISMO COMO VALORES DE LAS OES.

En el *continuum* de valores mencionado, siempre hacia estadios superiores y apuntando al valor Solidaridad, de tomarse el camino del no lucro aparecerán los valores del Asociacionismo, el Mutualismo y el Cooperativismo como valores de base da las OES en las que las asociaciones se distinguen por poseer generalmente mayor peso social que económico y, por ende, menores trascendencias e impactos.

El valor siguiente entonces al de la Ayuda Mutua es el Asociacionismo que también tiene su razón de ser en el "reconocimiento de los otros" pero en mayor escala pues concede preponderancia a la dimensión humana. Sin marginar la importancia del aporte de capital y de recursos, el asociacionismo obliga a definir un tiempo y un espacio en el cual organizar los esfuerzos humanos y depositar los recursos, la organización originada como consecuencia de este proceso es la asociación y puede tener tres variantes: Asociaciones propiamente, mutuales y cooperativas.

Sintetizando, una asociación se construye voluntariamente sobre una cadena de valores que se inicia con la autoayuda o convencimiento individual de la necesidad de superar un problema, continúa con la ayuda mutua o búsqueda de unión que en si mismo debe agregar otros valores como el dialogo, la participación, la convivencia, la tolerancia y la democracia, generando una ventaja inmediata: la economía de escalas.

En una asociación los problemas comunes tienden a igualar a los afectados y las relaciones entre ellos tienden a ser horizontales, del tipo Tú-Tú; esa igualdad se expresa en: 1. - Una mano levantada pesa igual que las otras; y 2. - igualdad de oportunidades para asumir responsabilidades colectivas e individuales en la asociación respectiva y la igualdad favorece la solidaridad; por ello mal puede quién vota a favor de una decisión o de alguien para determinada responsabilidad, desprenderse de su elección sin responder por las consecuencias de ella; por solidaridad debe acompañar la decisión y a los elegidos con sus votos.

Para efectos operativos se establece la siguiente definición de asociación[34]:

> *"Una asociación es un equipo autónomo de personas unidas voluntariamente para satisfacer necesidades y aspiraciones comunes mediante esfuerzos voluntario, propiedad conjunta, y gestión democrática de los recursos materiales y financieros por ellas aportados".*

De ella se deduce que tienen una doble dimensión: la Asociación o dimensión humana integrada por asociados con espíritu de equipo que enfrenta problemas comunes, y la Empresarial responsable de conducir con preceptos de gestión democrática, los esfuerzos y recursos aportados hacia los objetivos asignados por los asociados. Esta doble dimensión les concede un doble anclaje en los espacios en los que actúen.

Las tres modalidades gozan de la doble dimensión Asociación – Empresa pero tienen diferencias fundamentales: 1. - El peso de lo empresarial va de menor a mayor según se trate de asociaciones, mutuales o cooperativas, mientras las primeras realizan actividades relativamente livianas en lo económico, las mutuales concretan sus actividades en salud y previsión social, y las cooperativas pueden "realizar cualquier actividad humana menos la de explotar y esclavizar personas" por lo que numerosas son de gran dimensión y ocupan importantes espacios en la economía del planeta; y 2. - las asociaciones y las mutuales reinvierten sus excedentes para mejorar sus servicios mientras que las cooperativas pueden repartirlos.

2.5.1. - La Economía Social y sus organizaciones.

El término Economía Social no es nuevo, tiene origen europeo, sus fuentes se remontan a las utopías y al asociacionismo obrero del S. XIX, ya en 1830 Charles Dunoyer había publicado en París su *Nuevo Tratado de Economía Social* y en esa década se impartía un *Curso de Economía Social* en la Universidad de Lovaina[35]. Ha sido criticado por supuesta redundancia de lo social por aquello de que lo económico también es social; sus defensores contraatacan afirmando que tal como está escrito él señala a su objetivo principal: colocar lo económico al servicio de las personas.

Asociaciones, mutuales y cooperativas son las modalidades organizacionales adoptadas normalmente como sus componentes; sus actividades son la base para calificar esta economía como el conjunto de actividades económicas realizadas por las personas de manera voluntaria y organizada para enfrentar sus propios problemas mediante un capital y un conjunto de recursos y esfuerzos humanos sin generar lucro.

Ellas: 1. - Surgen cuando un grupo de personas identificadas y cohesionadas por la necesidad de enfrentar un problema común se asocian para hacerlo sin intermediarios, colocando el acento en las personas; 2. - Desarrollan una gestión democrática sin preponderancia decisional de persona alguna, en las organizaciones de base funcionan bajo el principio de "una persona un voto"; 3. - De repartir excedentes lo haría sobre el valor de la equidad, proporcional a lo aportado por cada asociado; como en ese reparto el excedente regresa a quien lo aportó, no a otro, no existe lucro; y 4. - Pueden prestar servicios a terceras personas pero los excedentes generados por ellas debe devolvérseles o utilizarse en actividades de beneficio común para asociados y comunidades como las educativas; así no generan lucro.

Esas tres expresiones organizacionales constituyen entonces el núcleo básico de la ES; seguidamente se formula un concepto operativo[36]:

> *"La Economía Social es la resultante de las actividades y hechos económicos realizadas voluntariamente por conjuntos de personas naturales mediante organizaciones privadas como cooperativas, mutuales, organizaciones de voluntariado, asociaciones y fundaciones, en aras de satisfacer sus necesidades comunes y las de sus comunidades, produciendo bienes y servicios, asegurando o financiando sus actividades, y sin perseguir fines de lucro a través a través de empresas de propiedad colectiva y de gestión democrática".*

Pero el análisis no queda allí, la lógica de las OES está íntimamente relacionada con la Responsabilidad Social, toda OES nace con la responsabilidad social de resolver el problema para el cual fue constituida, para ello constituye su capital, no para buscar ganancias por lo que no deben cancelar impuesto sobre la renta.

2.6. - LA SOLIDARIDAD COMO VALOR CUMBRE.

En el tope superior del *continuum* de valores está la Solidaridad; surge como sinergia de los anteriores, los contiene todos y suma otros no mencionados como la confianza y el compromiso, centrándose en la reciprocidad[37]; es un valor transformador *per se* que hay que construir, no se decreta. Sobre él se estableció el término Economía Solidaria.

Es básico que se le practique, no es posible admitir un acto como solidario sin que exista contraprestación es decir una respuesta acorde con el acto mismo; esto hace de él un "valor-practico", concreto, verificable, no unilateral como la limosna entregada a un desconocido; está presente en infinitas actividades humanas y con mayor razón debería estarlo en las organizaciones que enfrentan problemas comunes ya que la Solidaridad se perfecciona en la medida en que la reciprocidad y la responsabilidad mutua se plasman en una comunidad de intereses que la sostenga y desarrolle, para que un sistema socioeconómico y los entes que lo integren sean solidarios es necesario que la solidaridad como valor esté presente.

Analizar este término obliga a considerar qué es Solidaridad. Las acepciones son tan variadas como los temas frecuentes con los que se relaciona: bondad, generosidad, amor, caridad, ayuda mutua, respeto mutuo, tolerancia, y justicia; a niveles coloquiales se utiliza hasta para referirse a los precios justos de ciertos restaurantes, calificar un seguro o expresar un pésame.

Le Petite Larousse Illustré la señala como "*dependencia mutua entre personas*", agrega que involucra un sentimiento que impulsa a las personas a establecer ayuda mutua o un deber asistencial hacia las personas en peligro. En un sentido etimológico aparece en un lenguaje jurídico en el S. XV como "*siendo común a muchos, cada uno responde por todos*", afirmación ésta que de alguna manera aborda el tema de la dependencia reciproca; por extensión la palabra se relaciona con solidez.

Javier de Lucas en su libro El Concepto de Solidaridad[38], reflexiona gramaticalmente sobre el concepto al calificarlo como "sustantivo abstracto formado a partir del adjetivo solidario, derivado a su vez inicialmente de la expresión latina *in solidum*, que equivale a totalidad, el todo"; lo presenta también como "*una categoría específica de relaciones obligatorias, caracterizada por la unidad-integridad del vínculo obligatorio y la pluralidad de sujeto... precisamente las características de las obligaciones solidarias*", categoría jurídica de la que derivará la noción de solidaridad. En cuanto al uso del término por la sociología De Lucas lo señala como un elemento estructural de los grupos sociales.

Según De Lucas Comte la define como "*consenso entre unidades semejantes que solo puede ser asegurado por el sentimiento de cooperación que deriva necesariamente en la división del trabajo ...*", mientras que para Durkheim, a quien De Lucas califica como "el teórico por excelencia de la solidaridad", es "*...ante todo, un hecho social que consiste en el consenso espontáneo de las partes del todo social, una particular conexión entre individuos y sociedad que...*" supone dos niveles: el psicosocial o vinculación entre las conciencias individuales y las colectivas, y el estructural-funcional o vinculación entre la posición del individuo y el grupo.

Para De Lucas antes del uso de la solidaridad como categoría científica se recurría a términos como integración, cohesión, socialización u otros; también explora otros términos con "los que se propone sustituir la solidaridad"[39], se resumen:

- **Integración.** Se utiliza en el contexto del sistema social, por lo que habría que hablar de integración sistemática más que de integración social (Parson). "*Se trata de un proceso definido por la disponibilidad constante de la mayoría de los individuos de un grupo de establecer, coordinar y unificar sus acciones, rediciendo el conflicto*".

- **Integración social.** Referida a la inserción de un individuo o grupo en una colectividad mayor cuyas cualidades se adquieren (Vs. Marginación).

- **Cohesión.** Es utilizado indistintamente como solidaridad por Durkheim; es el recogido por Gauss, resulta más evidente su uso en la física y en la biología.

- **Socialidad.** Para Gurvitch es una forma de solidaridad; distingue entre la "socialidad por fusión parcial en el nosotros (interpretación) y socialidad por simple interdependencia relación-comunicación".

- **Asociación y orden integrativo.** Gurvitch "propone que el único sentido preciso de solidaridad en tanto que distinta de cohesión / interdependencia, no puede ser análogo a lo que denomina "orden integrativo", cuya expresión organizada son las asociaciones igualitarias de colaboración; en ese sentido, en lugar de solidaridad habría que hablar de asociación…"

- **Comunidad.** Para Tönnies comunidad implica solidaridad, pero "*sin que ello mida la posibilidad de diferenciación de funciones [...] porque se trata de una diferenciación a favor del conjunto*". En ese sentido Freyer identificaba prácticamente ambos conceptos, al definir la comunidad como "*estructura sólida de sentimientos recíprocos*", que supera la diversidad mediante la superación interna. La variedad de círculos de solidaridad es lo que produce la diversidad de relaciones comunitarias.

- **Cooperación.** Señala la actividad común de varios sujetos para realizar intereses comunes, semejantes o complementarios. Se trata de una noción menos precisa que la solidaridad.

- **Consenso.** Se trata de una noción que en teoría sociológica, suele vincularse a la obra de Comte, quien lo entiende como principio de equilibrio, de armonía, correspondencia entre los miembros de la sociedad. Durkheim en su *Division du travail*, lo equipara al "*conjunto de condiciones morales y materiales que constituyen la base social de los contratos, en definitiva, fundamento moral de la división del trabajo, de modo que sería un requisito de la solidaridad en las sociedades modernas, además de la interrelación*".

Para De Lucas, cooperación y consenso son las nociones que tienen más posibilidad de sustituir la solidaridad en el campo de las ciencias sociales.

Estas nociones corroboran las dificultades para comprender la solidaridad: existen otras que la asimilan a una dimensión ética organizacional que es la que domina y concede su uso frecuente en el mundo de las cooperativas, las mutuales y las asociaciones.

2.6.1. - Sentidos de Pertenencia y Propiedad como ejes de la Solidaridad.

El "nosotros" y "los otros" son clave para precisar la frontera entre los deberes de solidaridad y las otras exigencias que de ella se derivan, un punto de partida es establecer las diferencias entre las personas como base para el reconocimiento jurídico de la autonomía y la libertad.

De Lucas afirma que[40]

> "el fin al que apunta la noción de solidaridad es el apuntalamiento [...] de la aparición del nosotros, el colectivo, del grupo: si lo decisivo de la solidaridad es la idea de comunión, de unidad, de reconocimiento de similitudes sin las que resulta imposible el afecto, la ayuda y el esfuerzo y el sacrificio comunes"

Esa precisión no es fácil, De Lucas se pregunta

> "... hasta que punto cabe afirmar la existencia de tal identidad colectiva en sociedades en las que el grado de especialización del trabajo y la multiplicidad y complejidad de las relaciones sociales provocan tal heterogeneidad que indudablemente se arriesga a perder la integración / identificación / reconocimiento en el grupo: ¿cómo subsistirá la solidaridad en una sociedad plural y atomizada?.

Ese reconocimiento es condición necesaria e indispensable para la convivencia y tolerancia, fundamento de toda sociedad que pretenda desarrollar la igualdad, la democracia y la solidaridad; él amerita condiciones concretas y perdurables en el sistema de valores adoptado y en la acción de las instituciones, por ello la Solidaridad como valor no se proclama ni impone o decreta mediante instrumentos legales u órdenes, hay que construirlo; no basta con decir *"Para efectos de la presente ley denominase Economía Solidaria al sistema socioeconómico, ... "*[41].

En las asociaciones realmente solidarias el reconocimiento del "nosotros" amerita condiciones concretas y perdurables en el sistema de valores que adopten; en las OES debe predominar el vocablo "nosotros" como elemento de integración ya que fortalece el sentido de pertenencia, sinónimo de sentirse parte de algo, se asocia a la satisfacción u orgullo de pertenecer a ese algo, en este caso a la OES, y concede soporte a la potencial solidaridad.

El sentido de pertenencia tiende a confundirse con el de propiedad, confusión que en el caso de una OES es comprensible y deseable ya que los asociados son sus propietarios. Ambos sentidos son mayores en los fundadores pues ellos transmitieron a la OES sus valores, diseñaron sus procesos, integraron personas a la organización y tejieron redes sociales con proveedores, clientes, comunidades y otras organizaciones, finalmente fueron celosos de su organización, puesta en marcha y funcionamiento, en otras palabras constituyeron la Fuerza Fundante.

2.6.2. - La solidaridad como principio ético.

Según De Lucas, considerar la solidaridad como principio ético hace necesario afrontar, al menos dos problemas:

> *"El primer problema es que, en cualquier caso, el fin al que apunta la noción de solidaridad es el apuntalamiento [...] de la aparición del nosotros, el colectivo, del grupo: si lo decisivo de la solidaridad es la idea de comunión, de unidad, de reconocimiento de similitudes sin las que resulta imposible el afecto, la ayuda y el esfuerzo y el sacrificio comunes, la insistencia en destacar esos rasgos comunes puede producir efectos perversos, desde la mera invención de los mismos hasta su "hallazgo" en la negación de rasgos "diferentes" y, por consiguiente, el recurso a la dialéctica [42] [...] En realidad no hay solidaridad en una sociedad cerrada, pues, en todo caso, se trataría de una relación incompleta de la solidaridad, que no puede ser, simultáneamente, auténtica y excluyente: la solidaridad como motor, por ejemplo, del chauvinismo nacionalista o de la ley del silencio en un grupo criminal, correspondería, desde el punto de vista regulativo, a un planteamiento erróneo".*

El segundo problema lo plantea así:

> *"... hasta que punto cabe afirmar la existencia de tal identidad colectiva en sociedades en las que el grado de especialización del trabajo y la multiplicidad y complejidad de las relaciones sociales provocan tal heterogeneidad que indudablemente se arriesga a perder la integración / identificación / reconocimiento en el grupo: ¿cómo subsistirá la solidaridad en una sociedad plural y atomizada?. La cuestión, [...] es cómo dilucidar los intereses de los otros que puedo (y debo) asumir como propios en aras del principio de solidaridad, sin quebrar el respeto a la identidad propia. O [...] ¿hasta qué punto se puede ampliar en esas condiciones el círculo del nosotros?.*

Las interrogantes de De Lucas parecieran justificar que el círculo en crecimiento del "nosotros" se detenga en el momento en que aparecen diferencias importantes entre potenciales usuarios del término; los grupos xenófobos y racistas circunscriben el término solo a ellos por defender justamente una identidad que niega la igualdad y la solidaridad cuando en paralelo, contradictoriamente, exigen respeto para ellos sin importarles el de "los otros".

2.6.3. - El término Economía Solidaria.

Como se afirmó, la Solidaridad ha dado origen a actividades económicas bajo el calificativo de Economía Solidaria. Organizaciones solidarias si existen, los *kibbutzim* fueron (¿o aún son?, es cuestión de analizarlos), ejemplo de ella tanto en su organización y funcionamiento interno como en sus procesos de intercooperación e integración [43]; en Colombia hay importantes circuitos de OES como el ocupado por las cooperativas de las Provincias del Sur de Santander denominados "territorios solidarios" con justa razón; en Venezuela destaca la experiencia autogestionaria de la Ferias de Consumo de la Central Cooperativa de Servicios de Lara (Cecosesola), impulsadas por 550 trabajadores asociados de los 1.500 de esa central, que intermedian con criterio de comercio justo entre sus más de 600 proveedores y el 25% de la población de Barquisimeto que adquiere en ellas productos frescos y víveres con altos diferenciales comparados con los supermercados privados y las redes estatales de distribución de alimentos.

03. - SIETE VÍAS PARA CONSTITUIR ORGANIZACIONES.

Con lo visto puede afirmarse que enfrentar cualquier tipo de problema amerita un mínimo de sentido organizacional por quienes lo hacen: valores, objetivos, metas, recursos variados, personas, procesos administrativos y otros elementos; también puede afirmarse que según la magnitud y los intereses en juego, los problemas pueden ser resueltos de manera individual o colectiva con el apoyo de diversas formas jurídicas y herramientas de gestión.

Se afirmó que la decisión de sus fundadores de poner una organización en marcha es un hecho político. Los fundadores establecen, como requisito previo y fundamental sus objetivos y posteriormente, luego de constituidas, las políticas e instancias o centros de poder necesarios para dirigir los esfuerzos y recursos hacia los objetivos trazados. Las organizaciones pueden ser naturales o jurídicas, formales o de hecho.

Puede afirmarse entonces que la sociedad origina sus organizaciones por lo que éstas son, automáticamente, parte de ella. Siendo así, la sociedad condiciona su creación y desarrollo por lo que ninguna le es ajena y menos lo serán aquellas que desarrollan esquemas de integración social que superan los simples marcos individuales.

Aunque la percepción inicial de la necesidad o del problema haya sido individual, constituir una organización cualquiera es una manera inmediata de favorecer la comunidad, ya que quienes las emprenden forman parte de ella, pero si la organización se constituye para enfrentar problemas comunes, el efecto multiplicador es mayor y sus asociados se beneficiarán de la economía de escala y de la intercooperación e integración que pudieren desarrollar.

Por esto último, hablar de OES, particularmente de cooperativas, es una forma de referirse a organizaciones de amplias sinergias, pues son fórmulas para enfrentar necesidades o problemas que afectan a varias personas concomitantemente. Pero comprender el edificio complejo de las OES implica entender que no todas las organizaciones poseen la misma lógica pero, a pesar de ello, es posible relacionarse con ellas y establecer acuerdos, alianzas u otros mecanismos de cooperación en aras del desarrollo de la sociedad deseada.

Al asomarse desde la ventana de cualquier organización para ver el entorno se observará entonces ese mundo organizacional complejo que para efectos de este texto se clasifican en tres fórmulas organizacionales claramente diferenciadas por sus lógicas de constitución y funcionamiento; son: 1. - Organizaciones de la Economía Pública; 2. - Organizaciones de la Economía de Capital o con fines de lucro; y 3. - Organizaciones de la Economía Social (OES).

Dependiendo de los objetivos en juego, ellas pueden combinarse para generar otras, siendo posible cuatro combinaciones resultantes, por lo que, finalmente es posible organizarse de siete maneras: las tres básicas y sus cuatro combinaciones. Las cooperativas se inscriben al interior de las OES, manteniendo una interesante especificidad que no niega la posibilidad de relacionarse con organizaciones de otros sectores o modelos.

3.1. - LAS ORGANIZACIONES PÚBLICAS.

Sin entrar en reflexiones sobre el carácter instrumental para el dominio de ciertas clases sociales que pudiese tener el Estado, reflexiones propias de marxistas como Althusser o Poulanzas, puede afirmarse que las organizaciones públicas surgen para satisfacer necesidades colectivas que no pueden normalmente ser enfrentadas por las opciones mencionadas, y que el marco fundamental de su organización y funcionamiento lo establece la respectiva constitución nacional y el conjunto de acuerdos internacionales y pertenencia a organismos supranacionales que de alguna manera pudieren interferir en sus decisiones.

El panorama de lo público es variado, puede ir desde aquel sector público desarrollado en países donde lo público se circunscribe fundamentalmente a lo que se denominan las funciones esenciales del estado como salud, educación, defensa y orden interno, como USA, Suiza y Suecia; pasando por aquellos donde el estado tiene alta injerencia en lo social y lo económico llegando a ser propietario de empresas y desarrollar fórmulas de capitalismo de estado como Alemania, España, Francia, Argentina, Colombia o Brasil; hasta otros países en los que el estado es el ductor y propietario plenipotenciario de todo o casi todo lo que en el país suceda como en Corea del Norte, Cuba y Venezuela.

Lo contrario, cuando un estado coloca límites a sus acciones y facilita la participación democrática de los afectados en la solución de sus necesidades, los impactos de su intervención pueden ser positivos y, en algunos casos, hasta favorecer desarrollo de las OES.

Las organizaciones públicas son variadas, abarcan desde los poderes públicos, pasando por los órganos del poder ejecutivo, en particular niveles presidenciales, ministeriales y de empresas públicas en caso de existir, hasta los diversos niveles geopolíticos: nacional, regional, estadal o provincial, municipal, comunal u otros. Los entes territoriales (Departamentos y Municipios) y los organismos también forman parte de las empresas del sector público.

Lo cierto es que para el bienestar social es fundamental reforzar la capacidad del Estado entendida como su habilidad para asumir y promover eficientemente acciones colectivas, no como estatismo populista, sino como impulsor de una genuina participación ciudadana. El fortalecimiento institucional del Estado es una condición necesaria de desarrollo, un estado fuerte, concentrado que hace con excelencia lo que constitucionalmente debe hacer, es deseable.

3.2. - LAS ORGANIZACIONES DE CAPITAL O CON FINES DE LUCRO.

La lógica de estas organizaciones impulsa la economía de capital o simplemente el capitalismo. Sus organizaciones surgen para satisfacer necesidades de personas diferentes a quienes constituyen la organización y persiguen fines de lucro, ya que gracias a los aportes cobrados a esas terceras personas, estas organizaciones subsisten y sus propietarios acumulan ganancias. Para una mejor comprensión recuerde las apreciaciones en cuanto al lucro del punto 2, ellas contribuyen a definir las diferencias entre el acto mercantil propio de las organizaciones con fines de lucro y el acto cooperativo.

En el ámbito de la producción industrial, la lógica de estas organizaciones es la apropiación por sus propietarios, del valor producido por los trabajadores gracias a la propiedad privada de aquellos sobre los medios de producción.

Esta lógica que se basa en la supremacía del capital y del mercado sobre la persona y su trabajo, comenzó a imponerse luego de la revolución industrial como se observará posteriormente. Para ella el mercado actúa como termómetro regulador de la sociedad, pues del libre juego entre la oferta y la demanda de bienes y servicios dependerán los precios de éstos y de alguna manera el crecimiento o desarrollo, convirtiendo en sinónimos los términos capitalismo y "sociedad de mercado".

Esta magno-presencia del mercado es cuestionada por los defensores de la ES quienes sí aceptan la existencia de un mercado en sus actividades pero iniciado por sus propios asociados que son los primeros en adquirir y beneficiarse de los bienes y servicios producidos por sus OES; esta reflexión obliga a distinguir entre una "sociedad de mercado" con respecto a una "sociedad con mercado", para aquellos estos términos no son sinónimos. Bajo esta concepción, la construcción de circuitos propios de intercambios que no permitan fugas de valores hacia otras economías, es un problema de primer orden para la ES, solo así será posible construir una sociedad basada enteramente en su lógica y en los valores y principios que ella genera[44].

3.3. - LAS ORGANIZACIONES DE LA ECONOMÍA SOCIAL (OES).

Hablar de OES es hacerlo sobre salidas colectivas para enfrentar necesidades o problemas que afectan a varias personas concomitantemente. Surgen cuando grupos de personas identificadas con la necesidad de enfrentar directamente un problema común, se asocian y colocan en una organización los recursos necesarios.

De lo afirmado se desprende que el primer objetivo de estas organizaciones es enfrentar el problema o necesidades de quienes la constituyeron. La relación que establecen sus asociados con la organización es entonces una relación de uso, pues ella estará a su servicio y responderá por las responsabilidades individuales que cada uno le depositó; por ello, constituir una OES es una manera inmediata de aplicar los beneficios de la economía de escala y de favorecer a la comunidad pues los asociados pertenecen a ella.

Nadie mejor que Molina Camacho para explicar estas tres lógicas a partir del régimen de los salarios[45], señala que:

> *"En el capitalismo, sistema en donde los que laboran, sea en empresas de producción de bienes o servicios o bien de distribución de éstos (establecimientos comerciales), el trabajo es una fuente de subsistencia para sí mismo y para su familia. [...] Mas sin embargo en ese sistema trabajas para otros. Esas empresas son propiedad de los dueños del capital. Los trabajadores son simples asalariados, pues laboras, principalmente, para el beneficio económico de otros. No tienes injerencia en la conducción de esas empresas, simplemente no son tuyas*
>
> *En el sistema económico del estatismo o socialismo de origen marxista, el trabajador realiza su faena para un patrono que se llama Estado o para algún organismo dependiente de ese Estado: la empresa es pública. Los beneficios económicos no van a los bolsillos de los dueños del capital, sino que deberían distribuirse en servicios a los ciudadanos. Sin duda que en este sistema se logra un innegable progreso social, al menos en teoría. Pero aún tenemos que decir que los asalariados de esas empresas públicas tampoco tienen mayor influencia en la administración de ellas, las que son dirigidas por los técnicos o burócratas del partido gobernante que terminan conformando una nueva "clase social", junto con los jefes políticos de turno.*
>
> *Los aspectos negativos de este sistema son varios, y su implantación en algunos países ha puesto de manifiesto que los beneficios son más teóricos que prácticos. La sabiduría popular nos recuerda que "el ojo del dueño engorda el caballo". Los dueños de esas empresas públicas son los millones de personas que conforman la sociedad en su conjunto, que mal pueden estar supervisando o vigilando la buena o mala marcha de esas empresas, tarea que por tanto delegan en unos funcionarios públicos, que son simples asalariados del Estado".*

Continúa[46]:

> *"El trabajador se siente verdadero dueño de su trabajo cuando labora en una empresa que es suya, como es una cooperativa de producción de bienes o servicios, o de trabajo asociado, pues tal empresa pertenece a un grupo de trabajadores que decidieron ser dueños de su propio destino, abandonando su condición de simples asalariados en las empresas de naturaleza mercantil o capitalista, o bien en empresas del Estado o de naturaleza pública.*
>
> *En cambio en las cooperativas que se organizan para crear una fuente de trabajo ellos tienen la obligación de autogestionarla en forma democrática y reciben la totalidad de los beneficios económicos que generen. Son dueños pues del capital y del trabajo.*
>
> *Se acaba así la sempiterna contradicción entre ambos factores fundamentales de la producción de bienes y/o servicios, que ha sido a lo largo de los años fuente de graves conflictos. Se ha logrado finalmente la liberación del trabajador: meta anhelada por todos los trabajadores del mundo.*

3.3.1. - Formas de OES.

Quienes conocen las bondades de las OES saben que ellas son referencias de organizaciones capaces de lograr sus objetivos, que potencian el espíritu emprendedor, generan empleos, resuelven crisis sectoriales o territoriales, impulsan la participación por lo que son "escuelas de democracia económica y de formación de líderes"; pero también por aplicar los preceptos de la solidaridad, de construir una sociedad más equitativa, de integrar personas y generar valores democráticos y riqueza colectiva.

Ellas integran un conjunto empresarial, plural y diverso, en el que conviven organizaciones de diferentes tamaños y actividades, variando en nomenclatura dependiendo del país, ¿cuáles son las formas?, ellas varían según el país o la región, pero pueden sintetizarse en las siguientes:

3.3.1.1. - Las asociaciones. Son las expresiones más sencillas, productos del valor de la autoayuda que invita a las personas a buscar acuerdos con otras interesadas en enfrentar un problema o interés común y se comprometen a aportar conocimientos, medios y actividades para conseguir finalidades lícitas en común, sean éstas de interés general o particular, y practicando la gestión democrática. Si bien ellas también integran personas y recursos en pos de objetivos, como toda empresa, domina la dimensión asociativa, la dimensión empresarial es reducida.

3.3.1.2. - Las mutuales. Tienen como eje básico el valor de la ayuda mutua o recíproca entre personas que hacen voluntario frente a necesidades comunes de salud o sanitarias, de previsión y seguridad social mediante una organización de gestión democrática. Sin ánimo de lucro, ellas no reparten excedentes entre sus asociados pues los reinyectan para mejorar los servicios. En numerosos países son complementarias de sistemas nacionales de previsión y seguridad social, y sus procesos de integración generan el movimiento mutualista con interesantes expresiones locales y regionales como sucede en Bélgica o sectoriales como en Francia en el universitario.

3.3.1.3. - Las Cooperativas. Según la Alianza Cooperativa Internacional (ACI), *"Una cooperativa es una asociación autónoma de personas que se han unido de forma voluntaria para satisfacer sus necesidades y aspiraciones económicas, sociales y culturales en común mediante una empresa de propiedad conjunta y de gestión democrática"*. Ellas funcionan atendiendo valores y principios y constituyen por su variedad, su extensión en el planeta, y sus impactos socio-económicos, el sector más dinámico y de mayor peso del la Economía Social con unos mil millones de asociados en el planeta.

Sus procesos de integración generan el denominado movimiento cooperativista, con expresiones en variados ámbitos y con una organización visible como cúpula mundial, la ACI. El concepto de cooperativa se retomará en líneas posteriores.

3.4. - RELACIONES INTERORGANIZACIONALES.

Al margen de las relaciones que organizaciones de un mismo sector pueden entablar entre sí o relaciones inter-organizacionales al estilo de la integración cooperativa, las relaciones entre los tres tipos de organizaciones señaladas son clave en todo estudio de entorno bajo el entendido de que las sociedades modernas ameritan de ellas para su desarrollo.

Son de cuatro tipos y pueden presentarse bajo formas de acuerdos, alianzas, coparticipación, codirección, participación accionaria, *outsourcing o tercerización*, condominios, alianzas, clústeres, cogestión u otras; el gráfico siguiente facilita la comprensión de estas relaciones.

GRÁFICO N° 10. TIPOS DE ECONOMÍA Y OPCIONES DE INTERCOOPERACIÓN.

-**Relaciones tipo 4: OES-Economía de Capital.** Se tienen en las actividades de *outsourcing* en los que una empresa de un tipo contrata unas de otro tipo, y en variados casos como los de cooperativas que se abastecen con productos de empresas privadas y viceversa; etc.

-**Relaciones tipo 5: OES-Organizaciones Pública.** También se observan en actividades de *outsourcing* en los que una empresa de un tipo contrata unas de otro tipo, y en variados casos como los de cooperativas de consumo que se abastecen con productos de empresas públicas y viceversa; en los programas sociales públicos con participación de OES; cuando una OES, cooperativas de ahorro y crédito, por ejemplo, captan pagos de impuestos públicos. Para algunos sectores políticos estas relaciones constituyen el eje central de la llamada "tercera vía", término que se confunde con el de tercer sector atribuido también a la ES.

-**Relaciones tipo 6: Organizaciones de Capital-Organizaciones Públicas.** Son las más frecuentes, ejemplos sobran y tienen como denominador ambas direcciones: prestación de servicios como proveedores uno del otro; ser clientes; financiamientos; etc.

-Relaciones tipo 7: Intersección de los tres sectores. Sintetizan actividades conjuntas visibles en comisiones tripartitas como las establecidas en algunos países para acordar condiciones salariales mínimas entre gobiernos-sindicatos-patronos; mismo caso en las asambleas de la OIT; y también las organizaciones de hecho que surgen en situaciones de emergencias o catástrofe que ameritan apoyos variados.

3.5. - AUTOEMPLEO Y MICROEMPRESAS COMO VÍAS EN AUGE.

Un rasgo importante de un potencial emprendedor es la capacidad para identificar necesidades, idear soluciones y dedicar tiempo y esfuerzo para superarlas; desde esta perspectiva el espíritu empresarial sería la disposición a emprender o realizar acciones novedosas que generen un impacto positivo en términos de sus necesidades de una persona o grupos de personas. Lógico es suponer que el emprendimiento dependerá de las necesidades y que las magnitudes de estas determinaran las características y dimensiones de la organización a constituir y poner en marcha.

La capacidad emprendedora se asocia a la voluntad de los individuos para hacer realidad sus aspiraciones y estas no tienen necesariamente que pasar o traducirse en una empresa, pueden estar dirigida a efectos individuales o colectivos como la pintura, el deporte, construir un parque comunal u otra actividad, por ello no todos los emprendedores son necesariamente empresarios; solo lo serán quienes al final de emprender y organizar recursos y personas para enfrentar un problema conceden estabilidad por la vía de los hechos o la legal a "lo organizado".

3.5.1. - El autoempleo.

Como su nombre indica, el autoempleo significa empleo por iniciativa propia una persona se proporciona a sí misma, trabajando y generando ingresos en función de las actividades que desempeñe. Es la primera opción que una persona puede explorar ante las dificultades del mercado laboral; lo ideal es que combine los conocimientos y habilidades con el gusto y disposición por las actividades a realizar y que logre ingresos suficientes para cubrir sus necesidades individuales, familiares y las del negocio propiamente.

Se suman a este planteamiento las iniciativas que la persona desarrolle en aras de lograr con su autoempleo una situación favorable, esa disposición constituye lo que en términos técnicos se denomina *entrepeneurship* que traducido al español significa espíritu empresarial o espíritu emprendedor; espíritu que al ponerse en marcha convierte en emprendedor a quien pretende auto-emplearse.

Las dimensiones de la empresa variaran desde las correspondientes al autoempleo individual, pasando por las microempresas, las pequeñas y medianas empresas (PyME´s), sean estas de economía de capital o de economía social como las cooperativas, hasta una gran empresa; esta cadena no debe perderse de vista, el emprendimiento individual tiene sus límites: aquellos a partir de los cuales un individuo necesita apoyos o colaboraciones de otros para progresar.

Bajo la cobertura del autoempleo se encuentran en el mercado laboral personas contratadas por honorarios según su especialización y naturaleza de sus actividades; también quienes establecen unidades productivas y desde ellas atienden sus clientes como sucede con ciertas franquicias y los negocios inclusivos. Esas personas, denominadas trabajadores autónomos en otros países, deberían adquirir la condición de "firma personal" para efectos legales e impositivos y así ser reconocidas formalmente en los registros fiscales respectivos, deben definir un nombre y proveerse de papelería propia y facturas para una transparente actividad laboral.

Un elemento básico del proceso constitutivo de una "firma personal" o una empresa para quien se auto-emplea es determinar el grado de riesgo que el emprendedor está dispuesto a asumir; una máxima reza que "quien desea triunfar debe arriesgar". También quien desee emprender debe conocer de antemano el tipo de actividad a realizar y diseñar la organización apropiada lo que obliga a prever resultados financieros e impactos y así determinar su factibilidad de éxito.

El impulso al autoempleo, vía microempresa, cooperativa u otra, depende exclusivamente de los potenciales emprendedores pero no niega opciones de apoyo que favorezcan su capacidad de gestión, manejo responsable de compromisos y mejor atención de la clientela y beneficiarios como pudieran ser las alianzas con empresas proveedoras, financieras y otras.

Las microempresas son entendidas como empresas de pequeñas dimensiones en personas, inversiones y volumen de operaciones, son constituidas y operadas por quienes las emprenden, poseen cierta flexibilidad organizacional y sus opciones de crecimiento dependerán de sus operaciones o negocio. En la Unión Europea se les entiende como entidades que ejercen una actividad económica ocupando menos de 10 personas y con un volumen de negocios o balance general anual inferior a los 2 millones de euros.

El autoempleo y las microempresas constituyen las salidas muy buscadas ante al problema del desempleo y las claves para lograr éxitos pasan fundamentalmente por conocimiento, capacitación y dominio de la lógica del Plan Organizacional o de Negocios, sin estas claves, cualquier financiamiento es *"dinero en barril sin fondo"*.

3.5.2. - Los negocios inclusivos.

En el panorama micro-empresarial cobran fuerza ciertas propuestas de negocios que, en virtud de ser diseñados como un todo o "paquete", pueden ahorrar a los potenciales emprendedores la formulación integral del Plan de Negocios pero no la necesidad de dominar la lógica propia del negocio. Una modalidad que se impone es la de los Negocios Inclusivos, entendiéndolos como iniciativas comerciales lucrativas viables que incorporan personas de sectores sociales de bajos ingresos a la cadena productiva y de comercialización de una empresa en marcha con la finalidad de mejorar su calidad de vida aprovechando las plataformas, la innovación tecnológica, y la creatividad institucional e interinstitucional de la empresa en referencia con apoyos apropiados de ésta[47].

3.5.2.1. - Ventajas de los negocios inclusivos. Tienen múltiple ventajas y efectos sinérgicos para:

-Los emprendedores. Generando oportunidades de empleo y de mejora de ingresos a personas en situación de vulnerabilidad. Efectivamente, al utilizar las plataformas establecidas y comprobadas de las empresas impulsoras del sistema de negocios inclusivos como el conocimiento masivo de las marcas, los canales de distribución, los envases y pautas de manejo de los productos, y otras, los emprendedores ofrecen un bien o servicio que deberían proporcionarles ingresos suficientes para cubrir los costos operativos y generar ganancias.

-Las comunidades. Logrando que los sectores más pobres puedan acceder a productos y servicios que son críticos para mejorar su calidad de vida. Por estar ubicados físicamente en sectores sociales populares, los negocios inclusivos pueden proporcionar economías de escalas a quienes los ejercen y a sus clientes, que de otra manera no obtendrían, impactando positivamente en su calidad de vida y combate a la pobreza.

-Las empresas impulsoras. Al permitirles utilizar tecnologías menos complicadas y extender sus mercados a espacios de difícil penetración. También la satisfacción de actuar de manera socialmente responsable al brindar beneficios múltiples a sectores excluidos de la sociedad, haciendo del negocio un medio para ello.

Muhammad Yunus, en su libro **Creando un Mundo sin Pobreza**, menciona un tipo de negocio social en el cual el beneficio social no está dado por el producto, el servicio o la operación del negocio, sino por su propiedad por personas pobres o en alguna situación de vulnerabilidad, el sentido de propiedad y el poder destinar las ganancias a mejorar la calidad de vida aumenta el cuido y el apego a estos negocios.

Según Bruni Celli y González[48], *"la inclusión social más efectiva es aquella que representa un potencial transformador de la calidad de vida de las personas pertenecientes a sectores de bajos ingresos"*; agregan, *"cuando los negocios inclusivos logran estructurar un modelo comercial viable, las empresas obtienen un doble resultado positivo: un importante margen de ganancias y la transformación de la realidad social de una comunidad"*.

Pero atención, según Bruni Celli y González, se han desarrollado iniciativas que recurren a mecanismos de mercado para incorporar a los Sectores de Bajos Ingresos (SBI) a procesos económicos transformadores de la realidad social perfilándose así una nueva categoría: *iniciativas inclusivas de mercado*, que difiere de los negocios inclusivos, porque no son iniciativas rentables, y difieren de la inversión social, por su énfasis en la sostenibilidad económica.

Estas iniciativas generan valor económico de manera directa que las hacen sostenibles a mediano plazo y las empresas que incorporan a los representantes de los SBI obtienen de ellas beneficios económicos indirectos por la vía de imagen, reputación y licencia social

Las diferencias entre negocios tradicionales, negocios inclusivos e iniciativas inclusivas de mercado pueden resumirse mediante dos dimensiones clave: costo de oportunidad e impacto social. Los negocios tradicionales se diferencian de los otros en la manera como crean valor social: ampliación de posibilidades de consumo, creación de empleo y estímulo a la producción, pero no necesariamente para los SBI.

Obsérvense estas consideraciones adicionales:

> Los inclusivos tienen impacto social transformador para los SBI y retornos económicos para la empresa que superan el costo de oportunidad del capital aportado por los inversionistas. Mientras que las iniciativas inclusivas de mercado, al igual que los negocios inclusivos, generan un impacto transformador de la calidad de vida e los SBI, *"pero su retorno es inferior al costo de oportunidad del capital de los inversionistas [...] en algunos casos, los resultados operativos pueden ser negativos, porque la empresa puede estar dispuesta a subsidiar por un tiempo los costos de arranque; sin embargo, a mediano plazo se espera que estas iniciativas tengan resultados operativos positivos y suficientes para funcionar de manera autónoma"*.

> *"Comparadas con otras formas de acción social, tales como la filantropía y la inversión social, las iniciativas inclusivas de mercado tienen mayor potencial de permanencia y mayor poder transformador de la realidad social de los SBI. Sin embargo, su gran debilidad sigue siendo la misma que las de la filantropía y la inversión social: las empresas no tienen incentivos para expandir su escala. La rentabilidad es el móvil que hace que las empresas inyecten capital a los proyectos y aumenten la escala de sus operaciones en determinados ámbitos de negocio. Esa es justamente la gran fortaleza de los negocios inclusivos exitosos"*.

3.5.3. - Microempresas familiares.

El esquema microempresarial no debe perder de vista que al realizarse actividades comerciales en los propios hogares, lo más probable es que se sumen a ellas familiares del emprendedor. Esta situación obligaría a observar el universo de las microempresas familiares como el integrado por aquellas empresas que pertenecen a una o más personas naturales que realizan sus actividades empresariales en la casa habitación en que residen.

En Chile existe una ley que regula las microempresas familiares, esa ley excluye las actividades peligrosas, contaminantes y molestas y establece que esas microempresas deben cumplirse requisitos como: 1. - "Que la actividad económica que constituye su giro se ejerza en la casa habitación; 2. - quien desarrolle la actividad sea legítima(o) ocupante de las casa habitación familiar: casa propia, arrendada, cedida; y 3. - que en ella no trabajen más de cinco trabajadora(e)s extraña(o)s a la familia".

3.5.4. - Esquemas de microfinanzas.

Estos esquemas de negocios no pueden observarse aislados de los esquemas de microfinanzas entendidos como los servicios financieros dirigidos a financiar actividades individuales o grupales de personas de bajos ingresos que produzcan ingresos, generen activos, y estabilicen el consumo entre otros aspectos, mediante metodologías como los préstamos y las responsabilidades grupales, los requisitos de ahorro previos al préstamo y el aumento gradual de la magnitud de los préstamos, lo que permite evaluar paulatinamente la solvencia de los clientes.

Los mercados inclusivos desde el punto financiero abarcan un ecosistema amplio e interconectado de actores de mercado e infraestructura que permite brindar productos financieros en forma segura y eficiente a los usuarios de bajos ingresos. Entre los actores de mercado se incluyen bancos, cooperativas financieras, emisores de dinero electrónico, redes de pago, redes de agentes, aseguradoras e instituciones de microfinanciamiento.

En Venezuela existe una Ley de Microfinanzas que entiende por Sistema Microfinanciero al:

> "Conjunto de organizaciones públicos o privados que mediante el otorgamiento de servicios financieros y no financieros; fomenten, promocionen, intermedien o financien tanto a personas naturales; sean autoempleadas, desempleadas y microempresarios, como a personas jurídicas organizadas en unidades asociativas o microempresas, en áreas rurales y urbanas".

Lamentablemente Venezuela no ocupa un lugar representativo en el conjunto de países con leyes de este tipo, en el año 2012 el primer lugar lo ocupaba Perú y le seguían Bolivia y Pakistán

04. - CONSTITUCIÓN Y PUESTA EN MARCHA DE ORGANIZACIONES.

Los emprendimientos con apropiada innovación y tecnologías son factores primordiales para el desarrollo de cualquier país en tiempos de crisis; representan la mejor salida para los esquemas de crecimiento, generación de riquezas y empleos en jóvenes y adultos con ideas creativas y capacidad para innovar.

En la idea de emprender y constituir organizaciones es importante resolver diversos dilemas que como el referido al lucro influirán en su constitución y marcha. La mejor manera de visualizar la factibilidad de la organización deseada, diseñarla apropiadamente y determinar la figura jurídica conveniente para ponerla en marcha es valerse del Plan de Negocio como herramienta organizacional. En cualquier caso, particularmente en el de las cooperativas, deben contemplarse los preceptos legales y de procedimiento establecidos por los órganos de registro y supervisión.

4.1. - DE LA IDEA AL PLAN DE NEGOCIOS.

La manera como se configure una organización marca su desarrollo posterior tal como se afirmó al analizar los cinco orígenes posibles de las organizaciones de Vanek; los valores de sus fundadores y la vertiente constitutiva utilizada tendrán peso en el desenvolvimiento ulterior de la organización.

La primera aproximación a cómo enfrentar un problema o necesidad es una idea o imagen mental asociada a la organización que se constituirá para ello. La intuición, suerte de síntesis mental que permite a una persona visualizar una idea "de golpe" para enfrentar un problema, ha jugado papel importante en la mayoría de las organizaciones exitosas pero también de las fracasadas, y no es suficiente en un mundo cada día más complejo, debe dar paso a procesos racionales de proyección y constitución de organizaciones con herramientas apropiadas que quien gerencie no puede marginar.

4.1.1. - Equipo promotor y diagnóstico.

Para efectos ilustrativos de este punto se asumirá la modalidad de constitución espontánea señalada por Vanek, precisando que los pasos para el diseño y puesta en marcha de una organización por esta vía están presentes de alguna manera en las otras modalidades; en la constitución espontánea uno o varios emprendedores generan una idea acerca de cómo enfrentar un problema o necesidad y el diseño de la organización necesaria.

Si los promotores son varios se estará en presencia de un emprendimiento colectivo y debe constituirse en equipo promotor o delegar en otros la responsabilidad de diseñar la organización, visualizar su factibilidad socio-económica y, de ser procedente, invitar a constituirla. Este equipo terminará sus funciones al reunir a los promotores que darán nacimiento o no a la organización en la Asamblea Constitutiva.

Tanto en el nombramiento del equipo promotor como en los pasos necesarios para la formulación del proyecto, todos deben tener plena participación, dejarlo en manos de una persona o un reducido grupo, técnico o no, pudiera permitir que estos se adueñen de la futura organización en detrimento de la democracia que debe imperar en los emprendimientos colectivos por aquello de "conocimiento es poder".

La idea debe enriquecerse con el estudio de aspectos organizativos y de funcionamiento de la organización a constituir, la idea enriquecida traza lineamientos generales y permitirá iniciar la redacción del anteproyecto como expresión de lo pretendido, el anteproyecto se redacta a partir de la idea o lluvia de ideas si son varios interesados, en esta etapa todas las propuestas deben ser aceptadas y jerarquizadas buscando interrelaciones lógicas entre las causas, la realidad, y las tendencias encontradas en el diagnóstico.

Esta herramienta, como paso inicial y fundamental para el diseño de la organización, permite apreciar las causas, situación actual y tendencias del problema y, a manera de mapa de variables, facilita el diseño de una organización que las cubra todas. Al diagnóstico se suman cuatro procesos fundamentales para la puesta en marcha de la nueva organización: 1. - Formulación del Plan de Negocios u Organizacional; 2. - Departamentalización; 3. - Determinación de la forma jurídica; y 4. - Fijación de lineamientos estratégicos.

GRÁFICO N° 11. SECUENCIA DE LA FORMULACIÓN DEL PROYECTO.

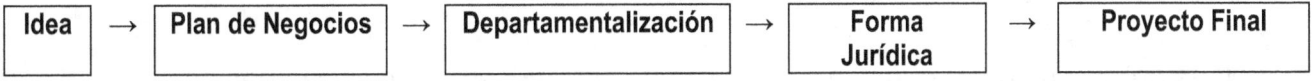

4.1.2. - El Plan de Negocios o Plan Organizacional.

En términos sencillos, un plan es la sistematización del cómo actuar para lograr un objetivo determinado, puede ser escrito o no, y dependiendo del área al que se refiera ser económico, social, cultural o de otro tipo; dependiendo del tipo de planificación adoptado, puede ser tradicional o estratégico, y puede desglosarse en planes con mayores detalles para facilitar las operaciones como los de acción

Una herramienta estratégica fundamental para dar forma a la idea es el Plan de Negocios u Organizacional que en sí mismo es un instrumento de planificación por lo que formularlo sería la primera actividad planificadora de la potencial organización. Él permite visualizar el comportamiento futuro de las funciones administrativas y la factibilidad social y económica de la organización, sus conclusiones son determinantes para la puesta en marcha y los monitoreos iniciales de las operaciones por lo que debe ser un documento atractivo, sintético, claro, conciso y fácil de comprender por los promotores y futuros operarios.

Existen diversas formas de abordar la elaboración de este plan; unos especialistas se inclinan por los elementos más visibles: idea, disposición, producto, clientes, capital, dedicación, roles a jugar por quienes emprenden, ubicación, local propio o arrendado, materiales y maquinaria, gente a contratar, financiamiento, organización administrativa, flujo de caja y cobranzas, contabilidad, y otros, todos importantes sin duda alguna. Otro se inclinan por la lógica secuencial de las funciones administrativas explicadas en este texto y en ese mismo orden: producto o servicio, mercado, tecnología, personal, finanzas y lo administrativo-contable, esta secuencia es completamente lógica, ninguna función puede explicarse sin la precedente.

Como se observará en líneas posteriores, Luís Razeto Migliaro, profesor e investigador de la Universidad Bolivariana de Chile, incorpora la solidaridad bajo la cobertura del término "Economía de Solidaridad" en los cinco factores de producción de la economía clásica: producir con solidaridad, distribuir con solidaridad, consumir con solidaridad, acumular y desarrollar con solidaridad, y agrega otro: el "Factor C", como fundamental para el desarrollo de esta economía.

4.1.3. - Estructura del Plan de Negocios.

Todo Plan de Negocios debe contener:

4.1.3.1. - Presentación. Implica una secuencia.

1. - Idea del proyecto. En qué consiste, implicados, alcances y posibles impactos;

2. - Justificación. Los motivos que originaron el proyecto, la importancia de su ejecución y lo que se persigue con él, el para qué;

3. - Objetivos generales. Hacia dónde apunta el proyecto, qué persigue, alcances, de cómo se definan dependerán los específicos;

4. - Objetivos específicos. Desglose de los objetivos generales a manera de ramas de un árbol, de sus definiciones dependerán las metas y las actividades;

5. - Metas. Precisan en montos y tiempos las actividades de los objetivos específicos.

6. - Actividades. Son necesarias para el logro de cada objetivo específico, deben ordenarse secuencialmente;

7. - Cronogramas. Señalan gráficamente, en función del tiempo, las actividades ordenadas secuencialmente y sus responsables.

8. - Presupuestos. Cuantifican en unidades monetarias los objetivos, metas y actividades.

9. - Cualquier otra información necesaria y resumida que pudiese interesar a los emprendedores, entre ellas la relativa al período de vida de la empresa.

4.1.3.2. - Producto y mercado. Se corresponde con los bienes y/o productos que la organización desea ofrecer a sus clientes en un espacio y tiempo determinado; debe contener:

1. - Estudio del producto, describe todos los atributos de los productos o servicios a producir destacando unidades a producir, costos de producción, precios posibles, márgenes de venta, posible utilidad o excedentes, etc.

2. - Estudio de la demanda, describe a los potenciales beneficiarios de los productos o servicios, establece su magnitud, volumen y ubicación física para estudiar los efectos de las distancias en los costos de distribución.

3. - Estudio de la oferta, se formula dependiendo de la demanda y del porcentaje que ocupe la posible competencia, describe la competencia que se tendrá y facilita comparar con la competencia y establecer volúmenes posibles de producción.

4. - Análisis de proveedores y servicios básicos.

5. - Localización.

6. - Plan de mercadeo. Se refiere a la comercialización, a cómo se pondrán en venta los productos y/o servicios, cómo se comunicará a los potenciales clientes la existencia de la organización y las bondades, condiciones, calidad y precios de sus productos; debe establecerse sobre un cronograma con actividades detalladas y secuenciales.

Una herramienta estratégica valiosa en esta etapa es la elaboración de la cadena de valor de la potencial organización, entendiendo por tal al modelo teórico que describe gráficamente la secuencia lógica de las actividades y tareas que la organización realizará.

La cadena de valor es sinónimo del trabajo necesario para lograr el objetivo, por lo que es fundamental establecerla para agrupar conjuntos de actividades y tareas en unidades coherentes mediante el proceso de departamentalización; de este proceso surgirá el organigrama de la organización. La cadena de valor es clave en el mundo organizacional para establecer la división del trabajo.

GRÁFICO N° 12. CADENA DE VALOR.

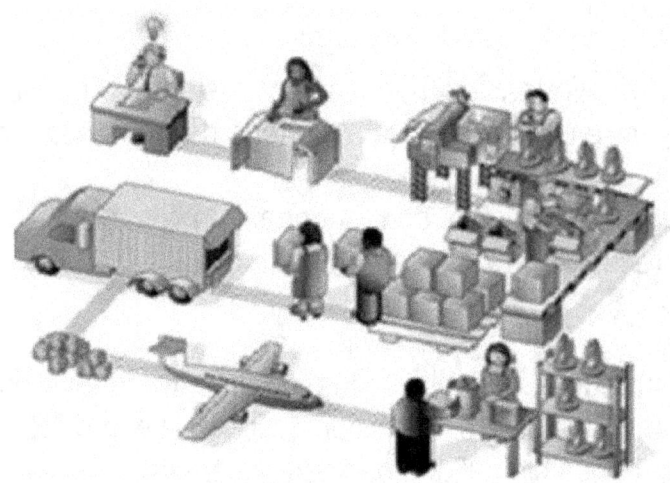

4.1.3.3. - Tecnología. Se corresponde con la totalidad de las maquinarias y equipos necesarios para la producción de los bienes y/o servicios. Todo equipo utilizado en función de las metas forma parte de su tecnología. El plan debe considerar: número, precio de compra, rendimiento o capacidad productiva en servicios o unidades producidas, condiciones, garantías, calidad, costos de adquisición, años de duración o depreciación, montos anuales de depreciación, costos de reemplazo considerando la depreciación en el período, personal necesario para conducirlos.

4.1.3.4. - Producción. Como proceso que es, las etapas de producción deben acoplarse al plan de mercadeo, son:

    1. - Compra y aprovisionamiento de insumos.

    2. - Transformación.

    3. - Acopio o almacenamiento.

    4. - Controles de calidad.

    5. - Venta y distribución, entrega y cobranza.

4.1.3.5. - Personal. Sin personas no hay organización. Esta función se corresponde con los actores de la organización, al personal estrictamente necesario para realizar y apoyar los procesos de mercadeo, manejo tecnológico y producción hasta ahora señalados. Debe prestar especial atención al proceso productivo y uso de las maquinarias y equipos para establecer los parámetros de experiencias y conocimientos para calificar los potenciales trabajadores (perfiles de cargos), la retribución del trabajo como salario o anticipo de excedentes, y el tiempo necesario para realizarlo. Le corresponde analizar también las consideraciones humanas y legales.

4.1.3.6. - Lo financiero. La función financiera se corresponde con el monto total de los recursos materiales y financieros necesarios para poner en marcha y mantener en el tiempo los aspectos previos, y si esos recursos podrán ser aportados por los emprendedores o financiados por terceros. Esta función considera:

1. - Financiamiento o monto total de los recursos necesarios según las necesidades del proyecto en: a. - Infraestructura, alquiler o compra del local, remodelación, etc.; b. - Equipamiento en maquinarias, mobiliarios y demás equipos; y c. - Capital de trabajo para las compras de insumos, gastos operativos, y nómina durante el tiempo necesario para la estabilidad relativa de las operaciones.

2. - Aportes propios y préstamos, lo que se aportará será el resultado de dividir el monto necesario entre el número de emprendedores potenciales, el resultado de esa división será el monto de cada certificado de aportación o de las acciones según sea el tipo de empresa.

3. - Estimación de ingresos, debe cuantificarse la totalidad de los ingresos a percibir anualmente por la organización, por ventas, financiamiento, capitalización u otros.

4. - Estimación de los egresos, debe cuantificarse la totalidad de los egresos y sus conceptos anualizados como los gastos operativos y otros por insumos, préstamos.

5. - Flujo de caja proyectado referido a los ingresos y egresos proyectándolo sobre períodos apropiados a la naturaleza de las operaciones de la empresa; el flujo debe considerar los lapsos de cuotas ordinarias y especiales de los préstamos a recibir, se establece sobre una herramienta básica: el cronograma del flujo.

4.1.3.7. - Lo Administrativo-Contable. Ambos aspectos están íntimamente relacionados. Lo administrativo se corresponde con las operaciones cotidianas de la organización: compras, cobranza, caja, manejo del dinero, pagos, cheques, nóminas, conciliaciones bancarias, mantenimiento, presupuestos, descuentos, depósitos, inversiones, etc., varias de estas operaciones implican el manejo de registros y libros, informes a organismos de integración y entes de control, etc.

Lo contable se corresponde con el registro oportuno de cada operación realizada: costos, presupuestos, libros, códigos y registros, estados financieros, informes a organismos de integración y de control, etc.

Un documento tan importante como el Plan de Negocios pudiera anexar otros que ilustren aspectos claves como los reportes del estudio del mercado y de la competencia, el perfil y los balances financieros de los emprendedores. Sin los aportes de este plan es imposible realizar la departamentalización.

4.2. - DEPARTAMENTALIZACIÓN.

Gracias a la cadena de valor se facilita el agrupamiento de las funciones administrativas con sus respectivas actividades y tareas en unidades coherentes mediante la departamentalización o proceso de creación de unidades, denominado también proceso de división del trabajo. Concluido este proceso puede elaborarse el organigrama de la potencial organización.

A propósito de la división del trabajo, numerosos estudiosos de la administración la justifican bajo el argumento de aumentar la productividad; para ellos no existen personas capaces de realizar la totalidad de las operaciones por lo que las organizaciones deben adoptar la especialización.

Una respuesta a tal especialización la constituye la necesidad de diferenciar entre operaciones simples, como limpiar una oficina, y las complejas como armar un motor, en el primer caso si es posible incorporar personas que realicen las operaciones. La especialización al extremo separa tajantemente las personas inclusive en la misma cadena de valor. Se conocen casos de empresas que ubican trabajadores de diferentes lenguas y nacionalidades de manera continua para que hablen menos y produzcan más.

También se debe precisar si los trabajadores repiten "toda la vida" las mismas actividades (división estructural del trabajo), o rotan en ellas actividades (división funcional), en aquel caso se estarían generando rutinas y enajenación como en el film *Los tiempos modernos* con Charles Chaplin con un ilustrativo caso de enajenación; de rotar en las actividades no habría rutinas ni enajenación. La rotación es clave en las operaciones de organizaciones participativas y autogestionarias.

Pero continúese con la departamentalización. Este proceso implica una secuencia estandarizada que pudiera desarrollarse así con el apoyo de una hoja con columnas:

    1. - Primera columna. Con base en la secuencia de la cadena de valor, elaborar un listado detallado de la totalidad de las actividades de la organización.

2. - Verificar y marcar repitencias, de ellas pudiesen surgir unidades especiales para varios tramos de la secuencia como una unidad de control de calidad que apoye compras y productos terminados.

3. - Segunda columna. Ordenar y marcar las actividades según afinidad y secuencia con coherencia entre ellas pensando en posibles coordinaciones.

4. - Tercera columna. Establecer coordinaciones por grupos de actividades considerando las unidades especiales.

5. - Cuarta columna. De ser necesarios niveles superiores de coordinación, establecer coordinaciones de coordinadores; de no ser necesaria, establecer la coordinación general.

6. - Quinta columna. Establecer la unidad de la que jerárquicamente dependería la coordinación general: consejo de administración, junta directiva u otra.

7. - Sexta columna. Establecer la unidad de la que jerárquicamente dependería el consejo de administración o la junta directiva: asamblea de asociados o asamblea de accionistas u otra.

8. - Colocar horizontalmente la hoja, de manera que las columnas se conviertan en filas: ese es el organigrama.

9. - Centrar las unidades gráficamente: equilibrio entre unidades.

10. - Destacar importancia de unas unidades en comparación con otras mediante el tamaño del cuadro y de las letras, el grosor del marco, o colores, a preferencia.

11. - Establecer líneas de comunicación e interrelación entre las unidades resultantes con líneas de colores o grosores diferenciados.

12. - Especificar las relaciones de autoridad, responsabilidad, y obligación entre las funciones y los puestos; esta actividad se corresponde con el Manual de Cargos.

La departamentalización consiste entonces en agrupar actividades en unidades específicas, con nombres apropiados, de conformidad con la cultura organizacional y las jerarquías pretendidas: consejos o juntas, asambleas de asociados o asambleas generales, departamentos o coordinaciones, gerentes o coordinadores, directores o directivos, unidades o secciones u otras denominaciones.

4.3. - ORGANIGRAMAS.

De acuerdo con la condición de cada empresa y lo que el diseñador desea destacar, las representaciones gráficas resultantes del proceso de departamentalización son los organigramas o gráficos de las unidades organizacionales. Pueden ser:

- **Funcional.** Consiste en agrupar actividades análogas según la función principal; es común en empresas industriales.

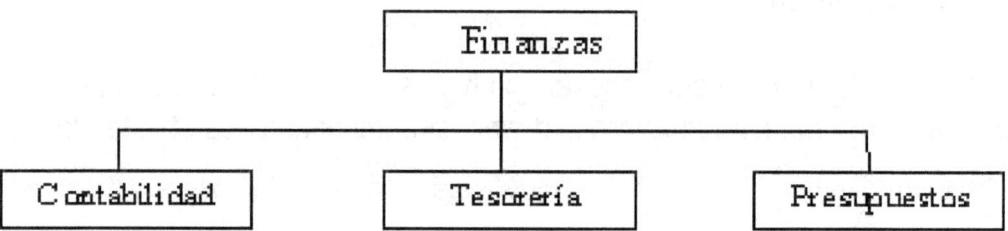

- **Por productos.** Caracteriza las empresas fabricantes de diversas líneas de productos o prestadoras de diversos servicios.

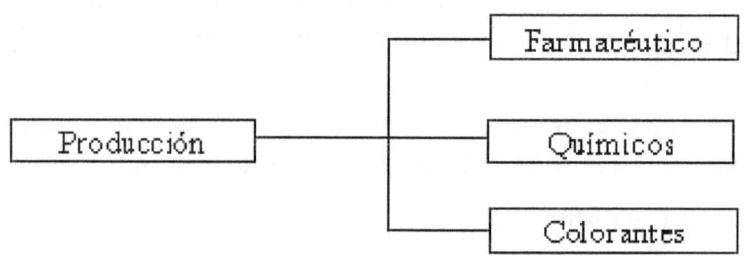

- **Geográfica o por Territorios.** Señala la desconcentración espacial de la empresa, sea con oficina en una misma ciudad, nacional o internacionalmente.

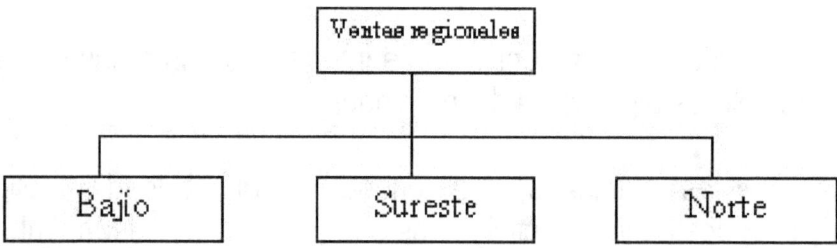

- **Por clientes.** Generalmente se aplica en empresas comerciales que comercializan según tipo de cliente.

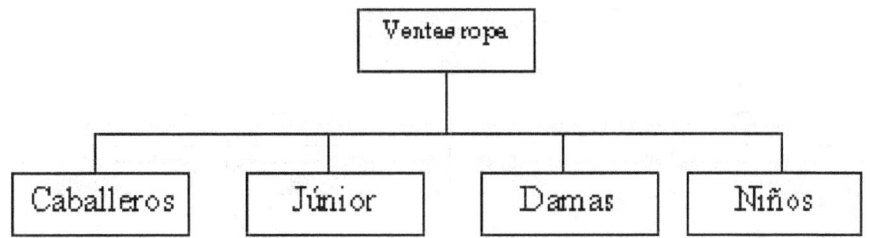

- Por procesos o equipos. Considera los estudios de tiempo y movimiento señalando la ubicación de los equipos en función de la eficiencia que esa ubicación pudiese proporcionar.

Modelo A.

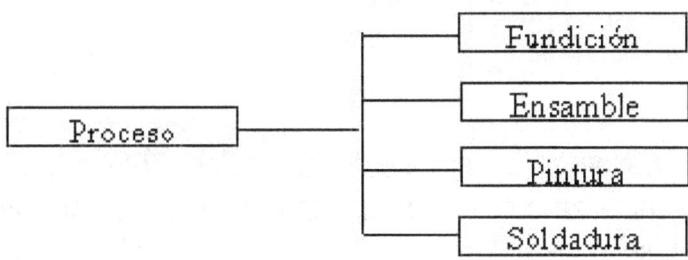

Modelo B.

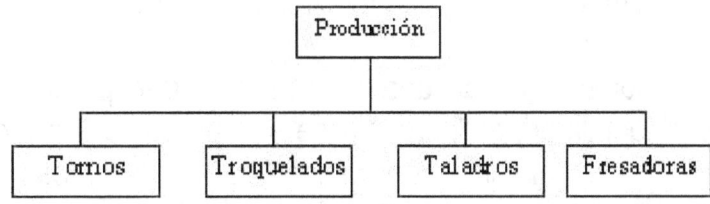

- Por Secuencia. Se aplica en organizaciones que ameritan utilizar ininterrumpidamente sus equipos como las líneas aéreas o empresas que clasifican documentos codificados o realizan cobranzas y deben mantener las secuencias de los códigos o las fechas.

Modelo A.

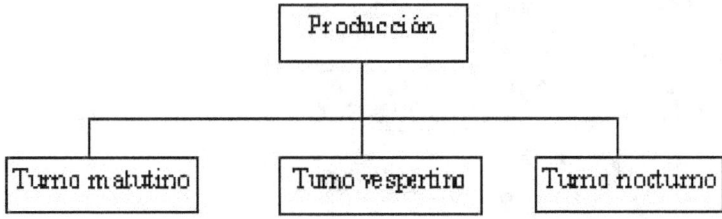

Modelo B.

Los organigramas representan gráficamente la departamentalización resultante. No son perennes, variarán en la medida en que las organizaciones se reestructuren por lo que se modifican al mismo ritmo a manera de fotos y están referidos a la estructura de la organización para un determinado momento, por lo que deben llevar escrito, además de los títulos correspondientes a los organización o unidad representada, y el tipo de organigrama que es, el nombre del especialista que lo elaboró y la fecha.

Modelo circular.

Son propios de organizaciones horizontales y particularmente si practican la autogestión. Con la autogestión se visualiza con mayor nitidez la propiedad colectiva de la organización, se busca la horizontalidad o disminución de jerarquías, las labores de gobierno se realizan fuera de las horas de trabajo, se pretende que la totalidad de los asociados participe y decida en lo estratégico y lo operativo en igualdad de condiciones, como consecuencia de esa igualdad en el trabajo, la remuneración o distribución de excedentes sea similar para todos.

Si se fotografiase el funcionamiento de una organización que practique la autogestión, se observaría su plena horizontalidad, a diferencia de una organización jerarquizada en la que los accionistas están reunidos en sitio diferente al de los gerentes y trabajadores, en la autogestionaria: 1.- todos están en asamblea; 2.- todos están laborando; o 3.- solo está reunido el consejo de administración, se reúne en horario que no coliden con las asambleas u operaciones. Siendo así, la fotografía siempre mostrará un solo nivel funcionando

GRÁFICO Nº 13. VISTA CENITAL DE UNA ORGANIZACIÓN AUTOGESTIONARIA.

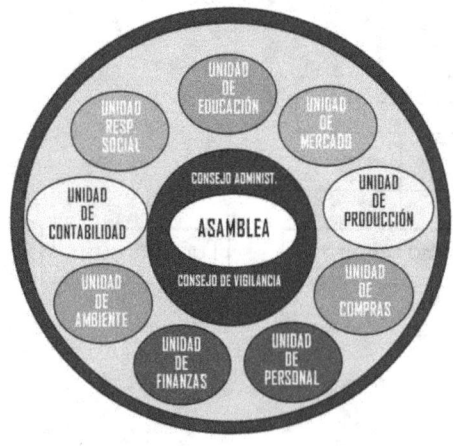

Por lo señalado, una organización autogestionaria vista desde arriba se vería circular, parecería una moneda, y vista de perfil se vería horizontal; el modelo autogestionario es el único que concede plena horizontalidad a las organizaciones: una sola instancia funcionando.

Es plana u horizontal porque quienes deciden y ejecutan son las mismas personas; en otras palabras, la distancia entre quienes toman decisiones en la esfera política y quienes las ejecutan en la operativa es nula, igual a cero, lo que indica que la organización autogestionaria no tiene jerarquías estructurales aunque si pudiese tenerlas funcionales, entendiendo éstas como transitorias para efectos de coordinación pues los asociados coordinados en determinado momento serán los coordinadores en otros gracias a la rotación en cargos.

Adicionalmente es circular. Si se imagina el centro de ella como el espacio donde se concentra el poder, (centro de poder), todas las personas o instancias estarán a la misma distancia de él sin exclusión de alguien, y si la distancia o radio con respecto al centro es la misma, la forma es circular.

4.4. - FUENTES DEL DERECHO Y FORMAS JURÍDICAS DE LAS ORGANIZACIONES.

Desde la perspectiva legal existe una gran variedad de formas jurídicas susceptibles de adoptarse, cada una tiene sus propias condiciones por lo que la escogencia de una de ellas obliga a enrumbar el proyecto de determinada manera.

4.4.1. - Fuentes jurídicas.

Las fuentes jurídicas influyentes en esta selección son básicamente cuatro ramas del derecho relacionadas con la constitución mencionada son cuatro.

4.4.1.1. - El Derecho Mercantil. Esta rama del derecho privado regula los actos de comercio y las relaciones jurídicas derivadas de la realización de estos actos y las relaciones comerciales (Derecho objetivo), así como a las personas que tiene la calidad de comerciantes (derecho subjetivo); de él surgen formas jurídicas específicas como las compañías y sociedades anónimas.

Este derecho sufre permanentes modificaciones debido a nuevas actividades como las compras y contrataciones por Internet y las normas de instituciones supranacionales como la Organización Mundial del Comercio (OMC), que han convertido en obsoletos los conocidos códigos de comercio; puede afirmarse que es un derecho global o internacionalizado. Por ser el acto de comercio un acto transaccional y generador de ganancias se riñe con el Acto Cooperativo que rige las actividades de las cooperativas que por ser a favor de sus propios asociados y no de terceros, no persiguen fines de lucro.

4.4.1.2. - El Derecho Civil. Este derecho regula las relaciones personales o patrimoniales, voluntarias o forzosas, de las personas físicas o jurídicas en cuanto tal y con el Estado, cuando éste actúa como simple persona jurídica. Habitualmente comprende el derecho de las personas, el de las obligaciones y los contratos, el de las cosas y bienes, las familias, sucesiones, y normas genéricas aplicables a todas las ramas del Derecho como la aplicación e interpretación de las normas jurídicas y las del derecho internacional privado, razón por la que recibe la doble denominación de derecho privado y derecho común; sus normas se concentran regularmente en el Código Civil, las asociaciones civiles y las fundaciones son objeto de este derecho.

4.4.1.3. - El Derecho Administrativo. Como rama del Derecho Público estudia la organización y funcionamiento de las instituciones estatales, particularmente las del poder ejecutivo en sus diversos niveles territoriales: nacional, provincias o estadal, municipal y local; así como la administración institucional referida a los órganos e instituciones a través de los que actúan la Administración Pública: centrales como oficinas presidenciales, consejo de ministros, y ministerios; descentralizados como empresas públicas y fundaciones; y desconcentrados.

El estado en su crecimiento ha asumido formas propias de otros derechos con la finalidad de cumplir nuevos objetivos, particularmente los referidos a aspectos sociales como fundaciones y empresas para desarrollar programas sociales con gremios y cooperativas, y los de su condición capitalista al actuar con estos criterios para mejor acción en los mercados naciones e internacionales tal es el caso de empresas vendedoras de gasolina y exportadoras de petróleo, o en empresas mixtas para explotar minas y desarrollos turísticos. Bajo estos esquemas el estado actúa como un mero particular y le son de aplicación las normas del derecho común

Es de considerar la existencia de casos especiales como las Administraciones Públicas Cooperativas en Colombia, entidades de carácter cooperativo creadas por iniciativa del Ejecutivo con el objetivo de prestar eficientes servicios a sus asociados y bienestar a las personas atendidas. Abarcan diversas actividades como la prestación de servicios públicos domiciliarios de acueductos, alcantarillado, y aseo; las más conocidas son las de compras conjuntas de medicamentos y otros insumos hospitalarios como la Cooperativa de Hospitales de Antioquia (Cohan) que agrupa unas 150 entidades asociadas y es Centro Colaborador de la Organización Mundial de la Salud (OMS) y de la Organización Panamericana de la Salud (OPS).

Como se observa, el universo de formas es amplio; para mejor visión obsérvense las formas usuales en Colombia: empresa unipersonales, empresa asociativa de trabajo, sociedad agraria de transformación, sociedad personal, sociedad de capital, sociedad de naturaleza mixta; sociedad colectiva, sociedad en comandita, sociedad de responsabilidad limitada, sociedad anónima, y la sociedad por acciones simplificadas.

4.4.1.4. - El Derecho Cooperativo. Aborda el conjunto de normas que regulan la pluralidad de las relaciones entre los asociados y las cooperativas a las que pertenecen y entre las cooperativas mismas en lo concerniente al cumplimiento de los valores y principios y a sus actividades y en pos de mejorar las condiciones sociales, económicas y culturales de los asociados y la comunidad. Las primeras opciones de forma jurídica que surgen de este derecho son las cooperativas mismas, pudiendo existir leyes generales o específicas dependiendo de las actividades que estas realicen; por extensión estos preceptos abarcan también organizaciones que de manera similar a las cooperativas actúan sin fines de lucro, como las asociaciones y las mutuales.

La piedra angular del Derecho Cooperativo es el Acto Cooperativo definido como el realizado internamente entre las cooperativas y sus asociados, o por las cooperativas entre sí o con otros entes en el cumplimiento de su objetivo social[49]. Los actos de prestación de servicios por las cooperativas a favor de terceros no asociados son actos cooperativos en la medida en que se realizan para cumplir con el objeto; queda entendido que los ingresos obtenidos por operaciones con los socios no generan renta y por lo tanto deben ser inafectos a impuestos sobre la renta, y que los obtenidos por operaciones con terceros sí la generan por lo que pudieran estar afectos a ese sistema impositivo, salvo que la legislación los excluya.

Gracias al Acto Cooperativo se comprende porque los asociados que aportan su trabajo en las cooperativas no tienen vínculo de dependencia con ella y por qué los anticipos societarios que perciben no tienen condición de salario; en otras palabras, los asociados se rigen por las pautas del trabajo – asociado y no por las leyes que rigen a los trabajadores en condición de dependencia. Al poseer los trabajadores – asociados la doble condición de ser propietarios y trabajadores de sus empresas, lo que perciben no se corresponde con los dividendos de los propietarios de una empresa de capital ni con el salario de los trabajadores en situación de dependencia de esas mismas empresas o de las públicas, perciben un anticipo societario.

El anticipo societario es una figura muy propia del cooperativismo, de asociados que dependen de sus propias labores para subsistir, en otras palabras *"si no trabajan no tienen ingresos"*, por lo tanto, el verdadero ingreso se observará con claridad al final del ejercicio económico, es decir a principios del año siguiente cuando calculen los excedentes o sobrantes de la cooperativa, pero, como no pueden esperar hasta ese momento para percibir ingresos y mantenerse, anticipan el cobro de los mismos en su condición de asociados, de allí ese término.

4.4.2. - Factores que influyen en la selección de la forma jurídica.

Aunque cada empresa tiene unas características y necesidades especificas, en la escogencia de la forma jurídica influirán también en la decisión:

4.4.2.1. - El número de emprendedores. Dependiendo de este número se podrá constituir un tipo de organización u otro. Si es un emprendedor individual la empresa le concedería el carácter de autónomo ya que él solo aporta el capital, asume riesgos y dirige la empresa; una única persona puede también constituir una sociedad de tipo unipersonal como la Sociedad Anónima Unipersonal o Sociedad Limitada Unipersonal de España, ambas sobre el Derecho Mercantil. Si son varias, se estaría en presencia de un emprendimiento colectivo y pudieran constituir una sociedad, también sobre bases mercantiles, y si se llevan por el Derecho Civil, una asociación o una fundación; de ser por el Derecho Cooperativo una cooperativa.

4.4.2.2. - Actividad de la empresa. Dependiendo de la actividad puede que la normativa existente respecto a ella establezca condiciones que limiten a los emprendedores como sería el caso de una empresa de seguros o el mínimo de asociados de una cooperativa.

4.4.2.3. - El capital inicial. Este aspecto influye ya que algunas sociedades exigen un mayor o menor capital para ser constituidas. Por ejemplo, una empresa o cooperativa de seguros siempre deberá poseer reservas técnicas, lo que obliga a aportes adicionales que no son necesarios en un supermercado o una empresa de transporte.

4.4.2.4. - La responsabilidad de los promotores. Este aspecto está en relación directa con la capacidad de las organizaciones para cancelar sus deudas por lo que los emprendedores deben precisar los compromisos a asumir. Según este aspecto ella pudiera ser: 1. - Limitado cuando se responden por las obligaciones solo hasta el monto de las acciones como en el caso de las sociedades anónimas o de los certificados de aportación en las cooperativas; o 2. - Ilimitado como en caso de los empresarios autónomos individuales en los que tanto el patrimonio empresarial como el personal pueden verse afectados para cubrir obligaciones de pago. Las personas naturales responden con la totalidad de su patrimonio, tanto el personal como el familiar, por el cumplimiento de las obligaciones que adquieran en desarrollo de su actividad económica; en todo caso la denominación de la organización debe señalar el régimen adoptado.

En algunos países el Derecho Cooperativo contempla la opción de la responsabilidad suplementada en la que los asociados asumen el compromiso estatutario de respaldar sus obligaciones hasta por una cantidad adicional al valor de sus certificados.

4.4.2.5. - Complejidad de los trámites para la constitución. Este aspecto juega un papel dependiendo de los tiempos deseados para la puesta en marcha de una empresa y las oportunidades que se desean aprovechar.

4.4.2.6. - Aspectos fiscales. Debe conocerse las modalidades de tributación de cada forma jurídica, algunas tributan mediante sistemas nacionales, regionales y municipales con posibles variaciones como exoneraciones temporales para llevar inversiones a regiones deprimidas, y otras son exoneradas en ciertos porcentajes de sus ganancias o sus excedentes.

4.4.2.7. - Libertad de acción del emprendedor. Los márgenes de libertad que la forma jurídica pudiese ofrecer a los emprendedores jugará un papel en la selección; por ejemplo, dependiendo de atmósferas políticas o religiosas, algunas actividades pueden arriesgar hasta la vida misma de la organización.

Formulado el proyecto, con un diseño apoyado en el Plan de Negocios, y revisados todos los aspectos señalados, solo resta a los promotores definitivos de la organización, previa discusión de su factibilidad, pongan en marcha la organización.

4.4.2.8.- Otras consideraciones. En el marco de las leyes, particularmente las referidas a propiedad intelectual e industrial, el emprendedor debe prestar plena atención: a.- denominación social o nombre de la persona jurídica con el que se registra la organización, que pudiese ser también como marca; b.- la denominación comercial que tiene por objeto distinguir una empresa, negocio, explotación o establecimiento mercantil, industrial, agrícola o minero, y los artículos que produce, comercia o la propia empresa; c.- la marca comercial entendida como todo signo, figura, logo, dibujo, palabra o combinación de palabras, leyenda y cualquiera otra señal que revista novedad, usados por una persona natural o jurídica; y d.- el lema comercial es también marca y consiste en una palabra, frase o leyenda utilizada como complemento de una marca o denominación comercial[50]. Lo ideal es que todo esté alineado con el mismo nombre corto y fácil de memorizar. Estos elementos normalmente son establecidos por las leyes de propiedad industrial e intelectual.

4.5. - LA PUESTA EN MARCHA.

Realizar los pasos anteriores, aún con excelentes técnicos y herramientas, no es garantía de éxito; son tantas las variables imprevistas de la sociedad que cualquiera puede afectar el mejor plan, por lo que, sin lineamientos estratégicos, cualquier organización solo improvisa. En tiempos agitados y complejos como los actuales, tener rumbos claros es fundamental para orientar el encaminamiento del equipo humano y los elementos financieros y materiales, sin llegar por ello a adoptar una planificación rígida e inamovible propia de épocas tranquilas superadas.

Se debe pensar en la puesta en marcha sobre bases realistas y flexibles, con buena observancia del entorno, con coordinadores atentos a los cambios, con criterios que surjan de la participación. Solo resta a los promotores elaborar la propuesta de acta constitutiva y el estatuto de conformidad con la persona jurídica decidida, repartir esos documentos al resto de los emprendedores con suficiente tiempo para analizarlos, y convocar la Asamblea Constitutiva, con la instalación de esta asamblea el grupo promotor termina sus funciones.

En esta época de Globalización o Mundialización como la califican los francófonos, los medios sociales como correos electrónicos, *Facebook, Instagram, Twitter; Whatsapp, Telegram, Linkedin, monedas electrónicas* y otros medios existentes y potenciales, se han constituido en fundamentales tanto en la puesta en marcha y los procesos ulteriores como en la imagen a transmitir. Papel importante jugará también una apropiada Responsabilidad Social; ésta debe visualizarse desde el inicio, mencionarse en el dúo Misión-Visión, establecerla como objetivo estratégico y constituir una unidad específica con apropiado presupuesto de Inversión Social para garantizarla.

4.5.1. - La Asamblea Constitutiva.

La asamblea constitutiva, sea de accionistas o de asociados, es el órgano o instancia suprema de cualquier organización. En las organizaciones de capital estará integrada por los poseedores de acciones o sus representantes, y en las empresas de economía social de primer grado por los asociados o sus representantes; en las organizaciones constituidas por personas jurídicas, la conformarán los representantes de éstas.

La primera asamblea, denominada constitutiva, tiene como objetivo darle vida formal a la organización y establecer sus parámetros de funcionamiento. A ella deben llevarse el proyecto de organización, una propuesta de acta constitutiva, otra de Estatuto y el o los modelos de reglamentos internos.

Constituida la organización, la asamblea debe convocarse, al menos una vez al año para la rendición de cuentas y aprobación de ellas y de los presupuestos; ella es el órgano competente para modificar el estatuto, realizar los nombramientos de la instancia de ejecución y control, incluyendo los presidentes o coordinadores de ambas.

También debe formularse previamente el nombre o razón social que se desea colocar a la organización; el nombre proyectará la manera como los emprendedores desean presentarla ante la comunidad por lo que es inseparable de su imagen y potencial éxito. Influyen en su escogencia razones como su significado, ser llamativo, relacionarse con el producto, reflejar la actividad de la empresa, contener el nombre de los propietarios, ser fácil de recordar, u otras. Sin duda, la forma jurídica influirá en el nombre.

La Asamblea se inicia al lograrse el quórum reglamentario o porcentaje mínimo de asistencia, y funcionará con base en la agenda suministrada en la convocatoria, agenda que será objeto de aprobación, pudiendo, al inicio de la asamblea, reordenarse o incluir o sustraer alguno de sus puntos. Para desarrollar la asamblea normalmente se propone y se elije un director de debates y otra persona que fungirá como secretario para anotar los derechos de palabra, recabar propuestas y facilitar la votación.

La asamblea culmina con la aprobación del estatuto y la firma del Acta Constitutiva en la que los asistentes se declaran fundadores. Si la organización fuese constituida por otras organizaciones como una federación de cooperativas, por ejemplo, cada representante legal de entidad fundadora deberá firmar el acta constitutiva agregando las constancias formales de su representatividad para dar validez a su firma.

4.5.2. - El Estatuto.

Es una suerte de "Constitución Nacional" para la organización, normalmente se agrega al Acta Constitutiva precisando que ésta se redacta de manera amplia para que a su vez contenga el estatuto. Pudiera considerar los siguientes aspectos: 1. - Denominación, duración y domicilio; 2. - Objeto social; 3. - Régimen de responsabilidad: Limitado o suplementado y sus alcances; 3. - Condiciones de ingreso de los asociados, derechos y obligaciones. Pérdida del carácter de asociado, suspensiones y exclusiones; 5. - Formas de organización de la y normas de funcionamiento, coordinación y control, 6. - Atribuciones reservadas a asamblea. 7. - Reglamentos internos y competencia para dictarlos;8. - Normas para la representación legal, judicial y extrajudicial; 9. - Modalidades de toma de decisiones;10. - Formas de organización y normas laborales; 11. - Formas y maneras de desarrollo de la actividad educativa; 10. - Organización del régimen económico: instrumentos y modalidades de aportación y mecanismos de capitalización, aportes mínimos por asociado, normas de distribución de los excedentes, de reservas y fondos permanentes, y de Ejercicio económico; 11. - Normas sobre la integración; 12. - Procedimientos para la reforma del estatuto; 13. - Procedimiento para la transformación, fusión, escisión, segregación, disolución y liquidación; 14. - Normas sobre el régimen disciplinario; 15. - Otras pautas que se consideren necesarios

4.5.3. - Los reglamentos internos.

Para no extenderse y conceder flexibilidad organizacional a ciertos aspectos, el estatuto puede remitirlos a los reglamentos internos que deben ser complementos flexibles y de alcance limitado del Estatuto. Además del reglamento apropiado a la actividad central, de ahorro y crédito o consumo por ejemplo, pueden aprobarse otros como el de Reconocimientos y Sanciones en el que se aprecie explícitamente el derecho de defensa ante peticiones de sanciones pero también a quienes más se preocupan por la organización; y el de Reparto de Excedentes que establece los porcentajes a repartir por equipos o actividades así como los procedimientos de cálculos de los mismos.

Adicionalmente, las instancias internas pueden decidir sobre determinados aspectos y plasmarlos en documentos de obligatorio cumplimiento como acuerdos, normas, y circulares, que deben ser conocidos por quienes ejecutan las decisiones.

A ellos se agregan los procedimientos como conjuntos de acciones u operaciones con secuencia diseñados para la obtención de similares resultados; ellos pueden referirse a aspectos técnicos como los de producción o sistemas informáticos; operativos como los de pago, cobranzas o inventarios; y contables como los referidos a la elaboración de la contabilidad misma y a los estados financieros. Cada procedimiento debe ser aprobado por una instancia superior a la que lo aplicará, y parte o su totalidad pueden compilarse en un Manual de Procedimientos. En las organizaciones gubernamentales, los procedimientos se regulan por leyes específicas al interior del Derecho Administrativo.

4.5.4. - Delegación de atribuciones.

La Asamblea concentra el poder originario o todos los atributos necesarios para poner en marcha la organización; ella debe conceder extrema importancia al sistema de políticas, estrategias y decisiones, pudiendo delegar atribuciones entre sus propios integrantes y otras personas mediante la constitución de órganos o instancias responsables de determinadas actividades.

Como en cualquier organización, la Asamblea Constitutiva o asamblea general delega inicialmente en dos órganos: 1. - Unidad Directiva, responsable de garantizar las actividades para la cual fue constituida la organización, sea una junta directiva en una compañía anónima o el consejo de administración en una sin fines de lucro; y 2. - Unidad de Control, responsable de supervisar y controlar las actividades de las instancias directiva y operativa, que la organización cumpla con la legalidad correspondiente, incluyendo estatuto y reglamento, así como con el manejo cotidiano de la organización.

De conformidad con la departamentalización decidida, estos órganos, en forma de cascada y de conformidad con leyes, estatuto y reglamentos, delegarán en una persona o en un equipo, funciones específicas y así sucesivamente se delegarán atribuciones hacia los niveles operativos. Los calificativos de los cargos dependerán de la cultura organizacional que desee concedérsele a la organización. Cuando se delega en cascada la organización resultante tendrá forma piramidal, será de carácter jerárquico.

La otra opción de delegación, opuesta a la anterior, es la que se realiza en las organizaciones autogestionarias, única que concede plena horizontalidad ya que en esas organizaciones sus miembros siempre estarán actuando en un solo nivel o instancia: laborando, en asamblea, o en reuniones de directivos fuera del horario de trabajo. Pero además, ellas en vista cenital, se vería circulares, parecerían monedas con el poder ubicado en su centro (centro de poder), desde el que se delegan atribuciones a las unidades a manera de oleaje, desde el centro hacia la periferia.

Obsérvese que no se delegan responsabilidades sino atribuciones; la responsabilidad no se delega jamás, es atributo de quienes deciden y estos responderán siempre por sus decisiones.

4.5.5. - El patrimonio.

Es el formado por el conjunto de bienes y derechos que los socios o asociados aportan a la organización en el momento de su constitución y puede verse posteriormente incrementado mediante aportes complementarios como cuotas, donaciones, subvenciones, legados, herencia etc., que pudiera recibir de socios o asociados y de terceros de conformidad con las leyes y los estatutos. Los compromisos iniciales con la organización pueden ser desde el punto de vista patrimonial superiores a los realmente aportados, en este caso pudiese hablarse de un capital suscrito, el acordado a entregar, y el pagado o realmente enterado en caja de la organización, las leyes determinan regularmente los porcentajes del capital pagado sobre el suscrito.

Con el capital aportado los miembros adquieren los activos necesarios para la puesta en marcha de la organización; de no alcanzar, la organización puede recurrir a financiamiento externo como créditos de proveedores, líneas de crédito, y hasta prestamos de sus miembros. Por ello es importante visualizar en el plan de negocios la situación patrimonial de los promotores para una buena planificación de necesidades en este sentido.

4.5.6. - Trámites finales.

La constitución de una empresa exige seguir una serie de trámites, distintos según la forma jurídica adoptada. Es así como, realizada la asamblea constitutiva y llenados los documentos básicos, las personas asignadas por la asamblea inician los trámites correspondientes ante el registro legal y las instancias gubernamentales según la personalidad jurídica adoptada. Se agrega la adquisición de los activos necesarios, el establecimiento de cuentas bancarias, y la apertura de libros institucionales.

En paralelo con los trámites, las instancias autorizadas, directiva y de control, pueden iniciar sus operaciones internas. Con base en el plan de negocios la primera actividad debería ser definir colectivamente los lineamientos estratégicos de la organización: Valores-Misión-Visión-Objetivos Estratégicos e instrumentar mediante cronogramas las actividades, tareas, responsables lapsos y presupuestos por cada objetivo estratégico.

-A MANERA DE CIERRE.

En 1995 Mark Suchman afirmaba acerca de la legitimidad social *"Es una percepción generalizada o asunción de que las acciones de una entidad son deseables, convenientes, apropiadas dentro de un sistema socialmente construidos de normas, valores, creencias y definiciones"* [51]. Con base en ello, en el caso de una empresa, la legitimidad social es otorgada por sus fundadores en primera instancia y por todo ciudadano, organizaciones, comunidades y *stakeholders*[52] impactados de alguna manera por sus actividades.

En tiempos de incertidumbre la legitimidad social de las empresas es clave para su éxito; las cifras de fracasos de nuevos emprendimientos son alarmantes, la diferencia entre emprendimientos exitosos y fracasados radica en una serie de factores que colocados en un arco irían desde el apropiado uso de la sinergia organizacional que proporciona la denominada Fuerza Fundante y una combinación asertiva del binomio Concepto – Direccionalidad / concepción de la empresa y hacia dónde dirigirla, pasando por las redes humanas que en torno a ella se conforman y los riesgos de inversión, hasta la escogencia y uso de herramientas gerenciales adaptadas a la gestión del producto o servicio, innovaciones y productividad, el ciclo de vida de la empresa, los intereses del emprendedor mismo, y su potencial generación de relevo. Los emprendedores exitosos observan permanentemente y con visión de helicóptero ese arco tan fundamental para detectar necesidades y aprovechar oportunidades.

Emprender es sinónimo de trabajo arduo por lo que la ruta escogida debe entusiasmar a quienes emprenden; actualmente es imposible emprender en soledad, es obligatorio buscar apoyos y colaboraciones; el emprendimiento individual consigue pronto sus límites y estos son superables si se comprende la necesidad de impulsar procesos colaborativos que conduzcan a alianzas y asociaciones fuertes y, ojalá, a fórmulas estables y con altas sinergias y capacidad de resiliencia como las de la Economía Social y la Economía Solidaria.

NOTAS:

[1] Jaroslav Vanek, profesor de la Universidad Cornell, autor del libro *The participatory economy*.
[2] Algunos autores agrupan y denominan estos procesos de manera diferente, Serrano Uribe por ejemplo, los agrupa así: planificación, organización, dirección, selección de personal, y revisión y control.
[3] Ver Edgard Freeman y James Stoner, *Administración*. Quinta Edición. Prentice Hall Latinoamérica. Ciudad de México. 1994.
[4] Algunos autores unen producción y tecnología como función técnica.
[5] Amitai Eztzioni citado por Bernardo Kliksberg. *El pensamiento administrativo. De los dogmas a un nuevo paradigma gerencial*. Editorial Tesis. 12va. Edición. Buenos Aires. 1990. p. 21.
[6] Bernardo Kliksberg. *Ob. Cit.* p. 26.
[7] Drucker, Peter. *La gerencia, tareas, responsabilidades y prácticas*. Buenos Aire. Editorial El Ateneo. 1984.
[8] http://www.cohan.org.co/
[9] David, Fred R. *Conceptos de Administración Estratégica*. Pearson Educacion, México, 2003.
[10] Algunos autores unen producción y tecnología como función técnica.
[11] Kuhn, Thomas. *La estructura de las revoluciones científicas*. México: Fondo de Cultura Económica, 1986.
[12] Frederick Winslow Taylor. *Management Scientific*. Biblioteca de Dirección de Empresas. Barcelona: Ediciones Orbis, 1984.
[13] Fayol, Henry. *Administración Industrial y General*. Biblioteca de Dirección de Empresas. Barcelona: Ediciones Orbis, 1986.
[14] Mayo, Elton. *The social problems of an Industrial Civilization*. Cambridge, Mass: Harvard University Press, 1947.
[15] Maslow, A. *Motivation and Personality*. New York: Harper & Row. 1954.
[16] Herzberg, F., *The motivation to work* (con Mausner, B. y Snyderman, B.). New York: Wiley, 1959.
[17] Douglas Mc Gregor. *El lado humano de las organizaciones*. Bogotá: Mc Graw Hill Interamericana, S.A. 1994.
[18] Ouchi William. *La teoría Z*. Biblioteca de Dirección de Empresas. Barcelona: Ediciones Orbis, 1986.
[19] Schein, E.H., *Organizational Culture and Leadership*, San Francisco: Jossey-Bass, 1985.
[20] Simon, H. *El comportamiento administrativo*. Traducción de A. L. Ros, Aguilar Madrid. 1962.
[21] Alfred North Whitehead. Aventura de las ideas. Compañía General Fabtril editora. Buenos Aires, 1961. p. 277.
[22] Bernardo Kliksberg. *Ob. Cit.* p. 32.
[23] Ver Henri Desroche. *Le projet cooperatif. Editions économie et humanisme. Les editions ouvriéres*. Paris, 1976.
[24] Ver Paul Lambert. *La Doctrina Cooperativa*. Edición fotocopiada. S/f.
[25] *Non profit organisations (NPO)*.
[26] Ver Oscar Bastidas Delgado. *La Autogestión como Innovación Social en las Cooperativas. El Caso de las Ferias de Consumo de Lara*. Ediciones Cepac-UCV / Unircoop / Econoinvest. Caracas 2007. 180 p.
[27] Robinson Crusoe es el personaje central del libro con ese nombre escrito por Daniel Defoe en 1791; fue un joven que en su deseo de ser marinero se embarca en un viaje que termina con una tormenta, naufraga y vive 28 años en una isla deshabitada cerca a la desembocadura del río Orinoco (Venezuela) en la que sin colaboradores pondrá a prueba sus pericias para sobrevivir hasta que aparece Viernes, otro naufrago a quien salva la vida y trata como lacayo.
[28] Consejo Intercooperativo Argentino, *Declaración: Las cooperativas ante el régimen tributario*, Intercoop editora, Bs. Aires, 1980, Citado por Aarón Gleizer en *La no sujeción de las cooperativas en el impuesto a las ganancias*. En Revista Idelcoop Año 2006-Volumen 33-N° 169. Pdf. 16 págs.
[29] Ver David Esteller Ortega. *Las cooperativas no deben pagar impuestos*. Pdf. Junio 2008. 6 Págs.

[30] Mario César Elgue. *El sentido del desarrollo y la economía social.* http://www.iigov.org/dhial/?p=46_03 Oct. 2003.

[31] Organización Internacional del Trabajo (OIT). *Promoción de las cooperativas II.* Primera Edición. Ginebra. Suiza. 2000. p.82.

[32] Ver Néstor Raimunda. *No al impuesto a la solidaridad.* Documento en PDF. S/f. 14. Págs.

[33] Profesor de Derecho Cooperativo de la Universidad Central de Venezuela (UCV), entrevista por correo –e a Carlos Molina Camacho. 18/03/2011.

[34] En Venezuela, las asociaciones y las fundaciones se constituyen de conformidad con el Código Civil; éste, en su Artículo 20º limita el objeto de las fundaciones a actividades *"de utilidad general: artístico, científico, literario, benéfico o social"*, en ellas no existen asociados ni aportes de éstos, nacen con un capital fundacional y un estatuto amoldado por los fundadores.

[35] Ver Jacques Defourny. *"Orígenes, contextos y funciones de un tercer gran sector"* en José Luís Monzón y Jacques Defourny. *Economía Social. Entre Economía Capitalista y Economía Pública.* Ciriec-España. Valencia. S/f. pp. 17-21.

[36] Ver Oscar Bastidas Delgado. *Economía Social y Cooperativismo. Una Visión Organizacional.* Prólogo de Bernardo Kliksberg. Editorial Universidad de San Gil / Distribuidora Norma, Colombia. Mayo 2010. 385 p.

[37] Una expresión sencilla está en lo que en el mundo de las leyes se denomina la obligación solidaria en la que, con la sola exigencia de resarcimiento de un préstamo a uno solo de los deudores, éste se obliga "solidariamente" y responde por todos, extinguiéndose la obligación de exigirle al resto.

[38] Ver Javier de Lucas. *El Concepto de Solidaridad.* Biblioteca de Ética, Filosofía del Derecho y Política. Distribuciones Fontamara, S.A. México, 1998. pp. 13-35.

[39] De Lucas, Javier. *Ob. Cit.* Cap. I. pp. 18-19.

[40] De Lucas, Javier. *Ob. Cit.* Cap. I. pp. 18-19.

[41] República de Colombia. Congreso de la República. Ley 454 de 1998. Bogotá. Art. 2º.

[42] El efecto del "reconocimiento de similitudes" y de la "insistencia en destacar rasgos comunes" debería investigarse en numerosos grupos cooperativos donde la vestimenta similar, la rotación en las actividades; el parecerse a los otros haciendo lo mismo, obedece más a una necesidad de aceptación por el grupo, muchas veces de falsas poses, antes que a la búsqueda consciente de rupturas de obstáculos organizacionales como el de la división del trabajo o el de la dualidad dirigentes-dirigidos que impiden reales aperturas autogestionarias.

[43] El autor tuvo la oportunidad de estudiar *in situ* la experiencia autogestionaria en el *Kibbutz Ga´aton*, mayo-junio 1977.

[44] Ver Armando de Melo Lisboa. *"Economía Solidaria: similia, similibuscurentur"*, En *www.milenio.com.br/ifil/res/bblioteca/lisboa1.htm*

[45] Ver Carlos Molina Camacho. "Los asalariados en los sistemas capitalistas y Estatista". En http://www.eljoropo.com/site/carlos-molina-camacho-los-asalariados-en-los-sistemas-capitalistas-y-estatista/ 1/7/2015.

[46] Ver Carlos Molina Camacho. *La dignificación del trabajo en las cooperativas.* Mimeografiado. Feb. 2015. 3 págs.

[47] Recomendamos ver Josefina Bruni Celli y Rosa Amelia González *Negocios rentables con impacto social.* En Debates IESA • Volumen XV • Número 3. Año 2010.

[48] Bruni Celli, Josefina y González, Rosa Amelia. Ob. Cit. Pág. 16.

[49] Ver David Esteller Ortega. *El Acto Cooperativo.* Consejo de Profesores Universitarios Jubilados UCV. Caracas. 1986.

[50] En el caso venezolano: Servicio Nacional Integrado de Administración Aduanera y Tributaria (SENIAT); Banco Nacional de Vivienda y Hábitat (BANAVIH); Instituto Venezolano de los Seguros Sociales (IVSS); Instituto Nacional de Capacitación y Educación Socialista (INCES); Ministerio del Poder Popular para el

Proceso Social de Trabajo (MPPPST); Superintendencia Nacional para la Defensa para los Derechos Socioeconómicos (SUNDDE), Superintendencia Nacional de Cooperativas (Sunacoop), y otros.

[51] Suchman, M. C. Managing legitimacy: Strategic and institutional approaches. *Academy of management review, 20* (3), 571-610.

[52] Individuos, grupos u organizaciones que tienen influencia sobre una organización o son influidos por sus decisiones, incluye accionistas o asociados, directivos, cuadros gerenciales, empleados, proveedores y clientes.

- **BIBLIOGRAFÍA.**

BASTIDAS DELGADO, Oscar. *Economía Social y Cooperativismo. Una Visión Organizacional.* Editorial Universidad de San Gil / Distribuidora Norma, Colombia. Mayo 2010. 385 p.

-----------------------------------. *La Autogestión como Innovación Social en las Cooperativas. El Caso de las Ferias de Consumo de Lara.* Ediciones Cepac-UCV / Unircoop / Econoinvest. Caracas 2007. 180 p.

-----------------------------------. *Los caminos de la economía de solidaridad.* Lumen-Humanitas. Buenos Aires. Argentina. 1997.

-----------------------------------. y Richer, Madeleine. *Economía Social y Economía Solidaria. Intento de definición.* En Cayapa. Revista Venezolana de Economía Social. Año 1. Nº 1. Mayo 2001. Ciriec-Venezuela. Mérida, pp. 7-32.

ALIANZA COOPERATIVA INTERNACIONAL (ACI). *Declaración sobre la identidad cooperativa.* Aprobada en El XXXI Congreso de la ACI, Manchester. Sept. - 1995. Cepac- UCV. Fondo Documental Virtual. Feb. 1996.

BAREA, José y MONZÓN, José Luís. "*Los protagonistas de la Economía Social*", en *Memorias CEPES-Ciriec de la Economía Social.* Ciriec-España. Valencia. 1988.

BILLIKOFF, Gregorio. *La Participación y la Delegación.* Universidad de California. En: www.cnr.berkeley.edu/ucce50/agro-laboral/7libro/10s.htm. 2003

BOBBIO, Norberto (2004). *"El futuro de la Democracia ".* En http: // www.franja.ucr.org.ar

BRUNI CELLI, Josefina y GONZÁLEZ, Rosa Amelia. *Negocios rentables con impacto social.* En Debates IESA • Volumen XV • Número 3. Año 2010.

CASTILLO, Juan. *Cooperativismo y Democracia.* Fundación Solidaridad. Publicaciones. 2004.

CEPES. *El impacto socioeconómico de las entidades de economía social. Identificación, medición y valoración de los efectos vinculados a los principios de actuación de las empresas de la economía social.* Sept. 2011. 16 págs.

CHÁVES A. y MONZÓN, José Luís." *Las Cooperativas en las modernas economías de mercado: perspectiva española".* En: Economistas, Nº 83. 2000. pp. 113-123.

CMAF. L´economie sociale dans le développement de l´Union Européenne. Bruselas, 1999. Citado por Barea y Monzón, Ob. Cit. pp. 11-12.

COLACOT; CGTD. *El modelo de Economía Solidaria. Una Alternativa Frente al Neoliberalismo*. Colacot. Sta. Fé de Bogotá. Colombia. 1998.

CONFEDERACIÓN DE COOPERATIVAS DE COLOMBIA (Confecoop). *Gestión Empresarial Socialmente Responsable. Desempeño Sector Cooperativo Colombiano 2008*. Bogotá, 2009. 150 p.

CONGRESO DE LA REPÚBLICA DE COLOMBIA. Ley 454 de 1998. Bogotá.

CONSEJO INTERCOOPERATIVO ARGENTINO, *Declaración: Las cooperativas ante el régimen tributario*, Intercoop editora, Bs. Aires, 1980, Citado por Aarón Gleizer en *La no sujeción de las cooperativas en el impuesto a las ganancias*. En Revista Idelcoop Año 2006-Volumen 33-N° 169. Pdf. 16 págs.

CRACOGNA, Dante. *Las cooperativas frente al régimen tributario*. Documento en PDF. S/f. 14 Págs.

DE LUCAS, Javier. *El Concepto de Solidaridad*. Biblioteca de Ética, Filosofía del Derecho y Política. Distribuciones Fontamara, S.A. México, 1998.

DE MELO LISBOA, Armando. "*Economía Solidaria: similia, similibuscurentur*", En *www.milenio.com.br/ifil/res/bblioteca/lisboa1.htm*

DESROCHE, Henri. *Le projet cooperatif*. Editions économie et humanisme. Les editions ouvriéres. Paris, 1976.

DRUCKER, Peter. *La gerencia, tareas, responsabilidades y prácticas*. Buenos Aire. Editorial El Ateneo. 1984.

ECKLES *et Al*. *Administración. Curso para Supervisores*. Editorial Limusa. México. 1982.

ELGUE, Mario César. *El sentido del desarrollo y la economía social*. http://www.iigov.org/dhial/?p=46_03 Oct. 2003.

ESTELLER ORTEGA, David. *El Acto Cooperativo*. Consejo de Profesores Universitarios Jubilados. UCV. Caracas. 1986.

FAYOL, Henry. *Administración Industrial y General*. Biblioteca de Dirección de Empresas. Barcelona: Ediciones Orbis, 1986.

HERZBERG, F. et Al, *The motivation to work*. New York: Wiley, 1959.

KLIKSBERG, Bernardo. *El pensamiento administrativo. De los dogmas a un nuevo paradigma gerencial*. Editorial Tesis. 12va. Edición. Buenos Aires. 1990.

KUHN, Thomas. *La estructura de las revoluciones científicas*. México: Fondo de Cultura Económica, 1986.

LAMBERT, Paul. *La Doctrina Cooperativa*. Edición fotocopiada. S/f.

LAVILLE, Jean-Louis et Al. *Les entreprises et organisations du troisième système. Un enjou stratégique pour l´emploi.*

MASLOW, A., *Motivation and Personality*. New York: Harper & Row. 1954.

MAYO, Elton. *The social problems of an Industrial Civilization*. Cambridge, Mass: Harvard university Press, 1947.

Mc GREGOR, Douglas. *El lado humano de las organizaciones*. Bogotá: Mc Graw Hill Interamericana, S.A. 1994.

MOLINA CAMACHO, Carlos. *Valores y principios cooperativos como guías fundamentales de acción.* Ponencia: 1er. Encuentro Nacional de Formadores de Cooperativismo. Valores, Principios, Capital Social y Capital Económico: Una Sinergia Fundamental en la Constitución de Cooperativas. Cepac- UCV. Universidad Central de Venezuela., 30 y 31 de octubre de 2003

OUCHI, William. *La teoría Z*. Biblioteca de Dirección de Empresas. Barcelona: Ediciones Orbis, 1986.

RAIMUNDA, Néstor. *No al impuesto a la solidaridad*. S/f. Documento en PDF. 14. Págs.

RAZETO, Luís. *"El factor C y la economía de la solidaridad"*. Serie Cuadernos de Educación No.1. Montevideo, Cofac. Mayo de 1998.

REPÚBLICA DE COLOMBIA.. CONGRESO DE LA REPÚBLICA.. Ley 454 de 1998.

SCHEIN, E.H., *Organizational Culture and Leadership*, San Francisco: Jossey-Bass, 1985.

STONER, James. *Administración* (5ª Ed.). McGraw-Hill, México. 1995

SUCHMAN, M. C. *Managing legitimacy: Strategic and institutional approaches. Academy of management review, 20*(3), 571-610.

TAYLOR, Frederick Winslow. *Management Scientific*. Biblioteca de Dirección de Empresas. Barcelona: Ediciones Orbis, 1984.

WHITEHEAD, Alfred North. *Aventura de las ideas*. Compañía General Fabtril editora. Buenos Aires, 1961
.

EL AUTOR.

Cooperativista. Profesor e investigador jubilado de la Escuela de Administración y Contaduría (EAC) de la Facultad de Ciencias Económicas y Sociales (Faces) de la Universidad Central de Venezuela (UCV). Consultor, conferencista internacional, autor de varios libros en economía social y cooperativismo, emprendimiento asociativo, participación, lineamientos estratégicos y diseño organizacional, responsabilidad y balance social, y en diseño curricular y planes de estudios en el área administrativa de universidades y cooperativas. Pasante en Organizaciones de Economía Social de una treintena de países.

Miembro activo de: 1.- Centro Interdisciplinario de Investigación, Formación y Documentación de la Economía Cooperativa, Social y Pública (Ciriec – Colombia); 2.- Comité Científico y Editorial del *Centro de Investigaciones y Estudios Avanzados de la Cooperativa del Magisterio "Codema"* (Cieac – Codema) Colombia; 3.- *Asesórate, Consultores Asociados*, España; y 4.- *Asociación Civil Gestión (MiPyMEs)*, Venezuela; 5.- *Asociación de Profesores de la UCV* (APUCV); 6.- Colegio de Licenciados en Administración del Dtto. Capital, Venezuela; y 7.- *ConexSolidaria*, Colombia,

En lo académico ha sido. Ex consultor de la Unesco en África. Fundador y coordinador del Centro de Estudios de la Participación, la Autogestión y el Cooperativismo (Cepac – UCV). Jefe del Departamento de Ciencias Administrativas y jefe de las cátedras de Modelos Organizacionales Participativos y de Administración Pública (EAC – UCV). Profesor y jefe del Departamento de Economía y Gestión de Empresas de la Universidad Centro – Africana de Africa Central (AUUCA), Guinea Ecuatorial. Profesor de *Modelos Gerenciales Participativos* en las maestrías y especializaciones de Gerencia Pública y de Desarrollo Social de La Universidad del Zulia (LUZ); profesor de Cooperativismo *en la Especialización de Derecho Laboral* de la Facultad de Derecho y C. Jurídicas (UCV); profesor del Diplomado: *Responsabilidad Social Empresarial*, Universidad Católica Andrés Bello (UCAB). Fundador de los seminarios *Economía Social y Cooperativismo, Responsabilidad Social Organizacional (RSO), y Emprendimiento Asociativo* de la EAC.

Continua: Comisionado para la Reestructuración Académica de la EAC. Impulsor y presidente del Centro Interdisciplinario de Investigación, Formación y Documentación de la Economía Cooperativa, Social y Pública (Ciriec – Venezuela); miembro del Comité Científico de la Red Universitaria de las Américas en Estudios Cooperativos y Asociativismo (Unircoop). Profesor de Diplomados en *Economía Social y Cooperativismo* de la Universidad de los Andes (ULA) y Universidad Centro Occidental Lisandro Alvarado (UCLA). Coordinador Académico del Diplomado en Gerencia de Cooperativas (UCV). Coordinador Nacional de Formación de la Asociación de Trabajadores, Emprendedores y Microempresarios (Atraem). Jefe del Departamento de Administración y Gerencia de la Universidad Afro – Americana de África Central (AAUCA), en Guinea Ecuatorial,

Conferencista y ponente internacional. 1.- En universidades. Argentina: Nacional de La Plata; Brasil: de Río de Janeiro, Federal Rural de Pernambuco, Recife; Regional do Noroeste do Estado do Rio Grande do Sul (UNIJUÍ). Canadá: Sherbrooke y Montreal. Chile: de Chile. Colombia: San Gil, Javeriana de Bogotá, Cooperativa de Colombia, EAFIT de Medellín, San Luís Amigó, La Salle de Bogotá, de Antioquia, Católica de Oriente (UCO), Cooperativa de Colombia (sedes Bogotá, Arauca, Ibagué, Santa Marta y Cali), Remington; Minuto de Dios; e Institución Universitaria de Envigado. Costa Rica: de Costa Rica. Cuba: La Habana y Pinar del Río. Ecuador: Católica de Quito; Andina Simón Bolívar. España: Deusto, Castilla La Mancha, Valencia. Francia: Brest. Italia: *Roma Tre. Universitá degli estudi / Alleanza delle Cooperative Italiane*. Roma. Israel: Universidad de Haifa. México: Universidad Nacional Autónoma de México (UNAM). Uruguay: de La República. USA: Wisconsin. **2.- En redes universitarias:** Centro Internacional de Investigación e Información sobre la Economía Pública, Social y Cooperativa (Ciriec – Internacional); Ciriec – Canadá; Ciriec – Venezuela; Red de las Américas en Estudios Cooperativos y Asociativismo (Unircoop); Corporación Unicossol, red académica autogestionaria, Colombia; Red Universitaria Latinoamericana y Europea de Cooperativismo (Rulescoop).

Continúa: **3.- Organismos de integración**: Alianza Cooperativa Internacional (ACI–Américas), Confederación de Cooperativas de Centro América y el Caribe (CCC-CA); Confederación Latinoamericana de Cooperativas de Ahorro y Crédito (COLAC); Confederación Latinoamericana de Cooperativas y Mutuales de Trabajadores (Colacot), Colombia; Confederación Alemana de Cooperativas (DGRV); Consejo Nacional Cooperativo (CONACOOP) de Rca. Dominicana; Asociación Colombiana de Cooperativas (ASCOOP); Confederación Colombiana de Cooperativas (Confecoop); Confederación Nacional Cooperativa de Actividades Diversas de la República Mexicana; Federación de Cooperativas del Nordeste de la Rca. Dominicana. **4.- Centros formativos e institutos:** Estudios Superiores en Administración (IESA), Zuliano de Planificación Social (Izepes), y de Estrategia y Gerencia del Zulia (IGEZ); Instituto Argentino de Investigaciones en Economía Social (IIAES/Ciriec-Argentina). Buenos Aires; Centro de Investigaciones y Estudios Avanzados de la Cooperativa del Magisterio (Cieac – Codema), Colombia; Fundación Iberoamericana de la Economía Social, España; Observatorio de la PyME (Ecuador); Red de Instituciones Financieras, Ecuador; Instituto Mayor Campesino de la Universidad Campesina de Buga, Colombia; Asociación Venezolana de Estudios Canadienses (AVEC), Instituto de Investigación y Desarrollo de la Economía Social de México; Venezuela; Escuela Nacional de Educación Cooperativista (ENECOOP) de Rca. Dominicana; Centro Cultural de la Cooperación, Buenos Aires.